ULLSTEIN

Das Buch

Probleme haben einen entscheidenden Nachteil: Sie lassen sich nicht immer vermeiden. Dieser traurigen Erkenntnis kann sich auch der berühmte Bär Winnie-der-Pu nicht entziehen. Aber er kennt eine sichere Routinemethode, mit der sich Probleme fast immer lösen lassen. Mit ihren fünf Schritten ist sie einfach anzuwenden und kinderleicht zu merken. Die Erlebnisse von Pu, Ferkel, Tieger und I-Ah veranschaulichen, wie man vorgehen muß. Und dank des Problemlösungsliedes und der Checkliste der Problembewältigung, die Pu dem Leser mit auf den Weg gibt, kann auch der bald sagen: »Nein. Nicht das geringste Problem.«

Die Autoren

Roger E. Allen und Stephen D. Allen sind angesehene Management Consultants in den USA.

Roger E. Allen / Stephen D. Allen

Pu it yourself

Wie sich Probleme bärenmäßig lösen lassen

Aus dem Amerikanischen
von Ulrike Wasel und Klaus Timmermann

Ullstein

Ullstein Taschenbuchverlag
Der Ullstein Taschenbuchverlag ist ein Unternehmen der Econ Ullstein List Verlag GmbH & Co. KG, München
1. Auflage 2002

Übersetzung: Ulrike Wasel und Klaus Timmermann

Titel der amerikanischen Originalausgabe: Winnie-the-Pooh on Problem Solving (Reed International Books Limited, ein Unternehmen der Penguin Putnam Inc., New York)

Umschlagkonzept: Lohmüller Werbeagentur GmbH & Co. KG, Berlin
Umschlaggestaltung: Bezaubernde GINI, München
Titelabbildung: Mauritius, Mittenwald
Druck und Bindearbeiten: Elsnerdruck, Berlin
Printed in Germany
ISBN 3-548-36335-0

Für Väter und Söhne

DANKSAGUNG

An erster Stelle möchten wir Alan Alexander Milne und seinem Sohn Christopher Robin Milne danken, ohne deren zärtliche Zuneigung füreinander die Welt freudloser wäre, weil es einen gewissen Bären und seine Freunde nicht gäbe.

Wir danken den »Trustees of the Pooh Properties« für die freundliche Genehmigung, die Auszüge und Illustrationen für unser Buch zu verwenden.

Wir danken unserem Lektor Matthew Carnicelli, der uns mit Rat und Tat zur Seite stand.

Wir danken unseren Familien, die stets da waren, wenn wir sie brauchten, und uns in Ruhe ließen, wenn wir nicht gestört werden wollten.

Viele Mitarbeiter von Dutton haben zum Entstehen dieses Buches beigetragen, und stellvertretend für die vielen, die wir nie kennengelernt haben, möchten wir Joan Powers (Doktor der Puologie) danken, Lisa Johnson und der ganzen Werbeabteilung, ganz besonders natürlich unserer Verlegerin Kate Cambridge sowie all den anderen, die sich für uns eingesetzt haben.

INHALT

EINLEITUNG

Vor gar nicht so langer Zeit erschien ein Buch mit dem Titel *Pu in Nadelstreifen: Bärenstarkes Management*. (Ein wirklich bärenstarker Titel.)

Weil einige Leute das Buch gelesen haben und einige netterweise meinten, es habe ihnen gefallen, und weil es noch vieles zu sagen gab, reifte der Entschluß, ein weiteres Buch zu schreiben. Nämlich dieses hier.

Dieses Buch handelt davon, wie man Probleme löst. Wenn man bedenkt, daß das Lösen von Problemen eine Aufgabe ist, die eine Managerin oder ein Manager häufig zu bewältigen hat, und noch dazu möglichst gut, könnte man dieses Buch als eine Fortsetzung von *Pu in Nadelstreifen: Bärenstarkes Management* verstehen. Doch dieses Buch ist für *alle* gedacht, einschließlich Manager.

Es ist nun mal so, daß jeder Mensch Probleme hat oder irgendwann einmal haben wird. Erfolg und/oder Glück (wie auch immer man es definiert) hängen in großem Maße davon ab, wie gut man die Probleme löst, denen man sich widmet, und diejenigen, die einem das Leben beschert.

Das Problem ist, daß viele Menschen Probleme

mit Problemen haben. Manchmal lösen sie ein Problem nicht auf die beste Weise und haben am Ende noch mehr oder noch größere Probleme. Häufig sind sie einfach nicht sicher, wie sie das Problem lösen, wo sie anfangen oder was sie überhaupt machen sollen. Die Folge ist, daß sie gar nichts tun, die Konsequenzen dieser Nichtlösung über sich ergehen lassen oder ihre Möglichkeiten sonstwie unnötig einschränken.

Wäre es daher nicht toll, wenn es eine einfache Routinemethode gäbe, mit der sich Probleme fast immer lösen lassen? Eine Methode, die einem zeigt, wo man ansetzen soll und wie man Schritt für Schritt vorgeht? Eine Methode, mit der man ein Problem lösen oder eine Situation verbessern kann, die man als äußerst unbefriedigend empfindet?

Wie Ihr Euch vielleicht schon gedacht habt, gibt es so eine Methode. Wir greifen regelmäßig bei unserer Beratertätigkeit (die hauptsächlich darin besteht, die Probleme anderer Leute zu lösen) auf sie zurück. Wir halten sie für eines der hilfreichsten Verfahren, das wir kennen, und wenden es sowohl in unserer Arbeit als auch in unserem Privatleben an. Wir haben gedacht, es wäre an der Zeit, es nun einer größeren Öffentlichkeit bekanntzumachen.

Aus diesem Grund haben wir dieses Buch geschrieben.

Bevor wir ins Detail gehen, möchten wir denjenigen unter Euch, die *Pu in Nadelstreifen: Bärenstarkes Management* nicht gelesen haben (man muß es nicht gelesen haben, um von diesem Buch zu profitieren), ein paar Punkte erklären.

Erstens, wir haben uns der Abenteuer von Winnie-dem-Pu und seinen Freunden (die so überaus nett waren, uns die Erlaubnis zu erteilen) deshalb bedient, weil wir bei unserer Beratertätigkeit festgestellt haben, daß die Leute etwas leichter lernen und behalten können, wenn wir Pus Abenteuer verwenden. Wir sagen daher nicht: »So wird es bei Microsoft oder McDonald's gemacht.« Oder: »So machen es erfolgreiche Leute.« In der Psychologie nennt man das: Lehrstoff in einen fremden Kontext stellen. Was kann man sich zum Beispiel besser merken? Eine Wettervorhersage mit dem Wortlaut: »Die Gesamtwirkung atmosphärischer Störungen, schwankender Tiefs und Hochs und die weltweite Auswirkung der El-Niño-Strömung führen in der Regel zu Phasen mit und ohne Niederschlag«, oder die düstere Feststellung von I-Ah: »Manchmal regnet es und manchmal nicht. Das ist der Lauf der Welt.«

Zweitens, in *Pu in Nadelstreifen: Bärenstarkes Management* begegnet Pu dem Fremden im Hundertsechzig-Morgen-Wald. Der Fremde bittet Pu, ihm dabei zu helfen, ein Buch über Grundlagen des Managements zu schreiben. Er heißt »der Fremde«, weil das der Name war, der Pu bei ihrer Begegnung einfiel, und der blieb an ihm hängen, obwohl es nicht sein richtiger Name war. In diesem Buch wird er erneut verwendet, weil er noch immer an ihm hängt. Wie Winnie-der-Pu, dessen richtiger Name Eduard Bär ist, sagen würde: »Manche haben Spitznamen und manche nicht, und so ist das eben.«

Und nachdem auch dies nun geklärt ist, hören wir damit auf, Einleitungen zu schreiben, und kommen endlich zur Sache.

KAPITEL 1

In welchem Winnie-der-Pu eine Versammlung leitet, der Fremde in den Wald zurückkehrt und fast alle mit der Problemlösungsmethode SOLVE Bekanntschaft machen

Jeder geht zu Pu, und fast alle waren bei Pu. Christopher Robin natürlich nicht, und wie immer fehlte Alexander Käfer. Känga ließ sich entschuldigen, aber Tieger brachte Ruh mit. Möglich, daß ein paar von Kaninchens Bekannten-und-Verwandten nicht da waren, aber sie waren so zahlreich, daß niemand wirklich sicher war, ob jemand fehlte oder nicht. Ferkel freute sich besonders, daß Klein, eines der wenigen Wesen, die kleiner waren als es, auf I-Ahs Rücken angeritten kam.

Früh an ebendiesem Morgen war Eule vom Himmel herabgestoßen, um Pu zu sagen, daß sie gesehen habe, wie der Fremde am Bahnhof im Dorf aus dem Zug gestiegen war.

»Zzzweifellosss lösst er das Versprechen von damalsss bei seiner Abreise ein, sich zzzu einem unbestimmten Zzzeitpunkt in der Zzzukunft wieder mit unsss zzzu treffen«, hatte Eule erklärt.

»Oh«, sagte Pu, als hätte er verstanden, was Eule sagte.

»Er geht in unsere Richtung, und er trägt zzzwei großßße Picknickkörbe«, fügte Eule hinzu.

»Oh.« Das verstand Pu. »Zwei *große* Picknickkörbe, sagst du.«

»Ja«, sagte Eule. »Wenn du einverstanden bissst, sage ich den anderen, sie sollen herkommen, um den Fremden zzzu begrüßßßen.«

Pu fand die Idee gut und fing an, etwas aufzuräumen, als Eule fortflog. Er sah vor allem nach, ob noch Platz in seinem Vorratsschrank war, nur für den Fall, daß der Fremde etwas von dem, was von den großen Picknickkörben übrigblieb, bei Pu lassen müßte. Bei seinem letzten Besuch hatte der Fremde Honig mitgebracht, weshalb Pu ein besonderes Interesse daran hatte, seinen Schrank freizumachen.

Der Fremde kam, kurz nachdem der letzte von den anderen eingetroffen war, und Pu war froh, daß Eule recht gehabt hatte. Es waren zwei *sehr* große Picknickkörbe, die der Fremde da auf den Tisch stellte.

Zur Begrüßung entstand ein allgemeines Hallo. Pu hielt eine sehr schöne Willkommensrede, und als er fertig war, sagte der Fremde, er wolle mit ihnen reden und sie alle um eine Gefälligkeit bitten.

»Ich arbeite an einem neuen Buch, und ich möchte euch fragen, ob ich dafür, wie bei *Pu in Nadelstreifen*, eure Abenteuer verwenden darf.«

»Worum geht es in dem Buch?« fragte Pu. Er hoffte, es ginge vielleicht um Management, wie in dem anderen Buch, in dem er als V.I.B. (Very Important Bear) bezeichnet worden war.

»Es geht um Problemlösung.«

»Pro … blem … lö … sung?« sagte Pu langsam und kratzte sich am Kopf. »Das hört sich nach einem ›Was‹ an. ›Was‹ sind leicht. Die ›Wies‹ sind schwer. Wird es auch um die ›Wies‹ gehen?«

»Ja, Pu«, antwortete der Fremde. »Es wird erklären, wie fast jeder sehr gut darin werden kann, für Probleme Lösungen zu finden oder Dinge zu verbessern.«

»Sogar ich?« quiekte Ferkel. »Ich bin wirklich

nicht sehr gut im Probleme-Lösen. Wenn ich ein Problem habe, kriege ich oft Kopfschmerzen oder versuche, nach Hause zu gehen. Das heißt, wenn ich kann. Bei manchen Problemen kann man das nämlich nicht. Zum Beispiel wenn Känga denkt, man sei Ruh, und einen wäscht und einem Stärkungsmedizin verabreicht.«

Ruh kicherte. Ferkel runzelte die Stirn, um zu zeigen, daß es das nicht sehr komisch fand. Gewaschen zu werden war ein sehr ernstes Thema, und außerdem veränderte man dabei seine Farbe.

»Selbstverständlich, Ferkel«, fuhr der Fremde fort. »Das Buch lehrt eine Technik, eine einfache Methode, mit der jeder Probleme lösen oder Dinge verbessern kann. Wenn einer von euch hier im Wald sie lernen möchte, kann er das tun, während ich an dem Buch arbeite.«

»Ist es wichtig zu wissen, wie man Probleme löst?« fragte Pu. Ihm gefiel der Gedanke, ein Sehr Wichtiger Bär zu sein, und wenn Probleme lösen wichtig war, dann wäre es vielleicht hilfreich, wenn er lernte, wie das ging.

»Sehr wichtig. Und es wird immer wichtiger. Wegen der ständigen Veränderungen und der neuen Technologien gibt es viele neue Probleme, die gelöst werden müssen, die wir bisher nicht zu lösen brauchten. Das ist manchmal deshalb schwierig, weil wir nicht sagen können: ›Ach, das ist ja genau das gleiche Problem, das wir letztes Jahr gelöst haben.‹ Wir müssen sie lösen, ohne auf Erfahrungen zurückgreifen zu können. Beispiele dafür wären Probleme im Computerbereich und Kommunikationswesen und Internet und bei der DNS und –«

»Das klingt nicht weiter überraschend«, fiel I-Ah ihm ins Wort. »Veränderungen verursachen fast immer Probleme. Ich weiß noch, wie es war, als mein Haus von einer Seite des Fichtenwaldes auf die andere verschoben wurde. Es hat mich ganz schön aus der Fassung gebracht. Vor allem, weil ich nicht wußte, wohin es verschoben worden war, und weil es geschneit hatte.«

»Wir haben hier im Wald nicht viel mit ABCs und Netzen und so was zu tun«, sagte Kaninchen. »Wäre es trotzdem eine Hilfe für uns?«

»Ja«, sagte der Fremde. »Das Buch soll bei allen möglichen Problemen helfen, bei alten oder neuen.« Der Fremde sah sich im Raum um. »Darf ich eure Abenteuer verwenden, und würdet ihr die Methode gern lernen, während ich an dem Buch arbeite?«

»Ja« und »Das würde ich gerne«, sagten Pu und Ferkel wie aus einem Munde. Die anderen sprachen darüber, ob es sich lohnen würde, die Methode zu lernen oder nicht, denn wenn sie ihre Probleme erst gelöst hätten, wozu könnten sie sie dann noch gebrauchen? I-Ah wies darauf hin, daß es ihnen wahrscheinlich nie an Problemen mangeln würde, selbst wenn sie alle sehr gut darin würden, sie zu lösen. Sie stimmten darin überein, dem Fremden freie Hand zu lassen.

Der Fremde bedankte sich und sagte, daß er, wenn sie nichts dagegen hätten, gern anfangen würde und ihnen schon mal einen kleinen Vorgeschmack von dem vermitteln wolle, was es mit dem Problemlösen auf sich habe – bevor sie Mittagspause machten.

Pu hatte was dagegen, aber da niemand sonst etwas sagte, hielt er den Mund.

»So ...«, begann der Fremde.

»Aber du hast doch noch gar nicht erklärt, wie man Probleme löst«, sagte I-Ah düster. »Ich hätte mir denken können, daß ich wieder was verpasse.«

»Nein, I-Ah«, sagte der Fremde. »Du hast nichts verpaßt. Ich habe bloß ›so‹ gesagt, um jetzt anzufangen.«

»Anfänge sind fast immer schwierig«, bemerkte Pu stirnrunzelnd. »Manchmal fangen Anfänge an, bevor man für sie bereit ist, und das kann ein Problem sein.«

»Tieger lösen gern Probleme«, sagte Tieger heiter. »Das können sie sehr gut.« Tieger blickte nachdenklich. »Was ist eigentlich ein Problem?« fragte er.

»Die Frage ist ein sehr guter Anfang, Tieger«, sagte der Fremde. »Wir fangen damit an, daß wir darüber sprechen, was ein Problem ist.«

Tieger sprang dreimal ungestüm auf und ab, was Ferkel störte, das nicht mochte, wenn man ungestüm auf ihm herumsprang. »Seht ihr«, sagte Tieger. »Das können Tieger gut.«

Ferkel flüsterte etwas davon, daß übermäßiges Ungestümsein als Problem gelte, erst recht wenn es bei gewissen gestreiften Individuen vorkomme, aber Tieger hörte nicht, was Ferkel sagte.

»Wenn wir in einem Wörterbuch nachschlagen«, fuhr der Fremde fort, »lesen wir, daß ein Problem definiert wird als ›eine zur Lösung anstehende Frage‹ und als ›eine komplizierte oder schwierige Aufgabe, Person oder Sache‹. Kann mir jemand von euch ein Beispiel für ein Problem nennen?«

»Ungestümsein«, sagte Ferkel mit Bestimmtheit. Diesmal lauter.

»Ein Schwanz, der ein Klingelzug sein will«, ergänzte I-Ah. »Kein Gefühl dafür, welcher Platz im Leben ihm gebührt.«

»Wie kriegt man Honig von einem Bienenbaum?« sagte Pu rasch, weil er nicht ausgeschlossen sein wollte, und auch weil er die Lösung wirklich wissen wollte. »Das ist eine Frage, die zu einer Lösung ansteht, und es ist ebenfalls eine komplizierte und schwierige Aufgabe, wenn die Bienen nicht wollen, daß du ihn kriegst.«

»Sehr gut!« sagte der Fremde strahlend. »Ihr habt drei Beispiele für sehr schwierige Probleme genannt. Besonders schön daran ist, daß sich an ihnen eines der Probleme aufzeigen läßt, die man mit Problemen hat – und warum so viele Individuen Schwierigkeiten damit haben, die Probleme zu lösen, auf die sie stoßen. Wißt ihr, weil Probleme oft sehr unterschiedlich erscheinen, ist es ganz natürlich, daß man meint, sie müßten jedes für sich auf unterschiedliche Weise gelöst werden, und das ist ganz und gar nicht der Fall.«

»Nicht?« fragte Eule, um klarzumachen, daß sie der Diskussion folgte. Wie sie oft sagte, bestand das einzige Problem, das man hatte, wenn man im Wald lebte, darin, daß sich einem nicht viele Gelegenheiten für intelligente Diskussionen boten.

»Nein«, fuhr der Fremde fort. »Im Laufe der Jahre sind für den Umgang mit Problemen Methoden entwickelt worden, die nach ein und demselben Prinzip funktionieren. Die nennt man Problemlösungsmethoden. Einige umfassen sage und schreibe zehn Schritte, aber die Methode, die wir einsetzen werden, soll kurz, einfach anzuwenden und leicht zu merken sein. Sie umfaßt fünf Schritte und nennt sich Problemlösungsmethode SOLVE.«

»Das verstehe ich nicht«, sagte Pu langsam. »Wie kann man mit fünf Schritten so ein Problem lösen wie – äh – Honig von einem Bienenbaum kriegen? In welche Richtung macht man die Schritte?«

»Esss liegt auf der Hand, daßßß er keine numerische Progresssssion der Fortbewegung meint, sondern eine Anzzzahl von Handlungen, die auf eine vorgeschriebene Weise vollzzzogen werden sollten, um etwasss Missstigesss mit dem Zzziel in Angriff zzzu nehmen, eine Situation zzzu verbesssssern oder zzzu eliminieren«, erläuterte Eule.

»Oh«, sagte Pu, der eigentlich nichts von dem verstanden hatte, was Eule gesagt hatte, außer dem Wort »Missstigesss«.

»Eule hat recht«, sagte der Fremde. »Anders ausgedrückt, könnten wir sagen, daß die Problemlösungsmethode eine Liste von Dingen ist, die wir tun sollten, um Probleme zu lösen. Was wir zuerst tun sollten und was als nächstes und so weiter, bis wir das Problem gelöst haben.«

»Heißßßt die Methode SSSOLVE, weil sie einem hilft, die Lösungen für Probleme zzzu finden?« fragte Eule, der die Diskussion Spaß machte und die sichergehen wollte, daß sie mitkam.

Der Fremde nickte. »Zum Teil ja, aber auch weil SOLVE ein Akronym für die Schritte ist, die wir bei der Lösung eines Problems befolgen.«

Eule blinzelte und blickte weise, was für sie ein

Kinderspiel war. Sie war sich nicht ganz sicher, was der Fremde gesagt hatte, was SOLVE sei. Es hatte sich ein bißchen wie »Ackerlehm« angehört, aber irgendwie konnte Eule sich nicht vorstellen, daß er das gemeint hatte.

»Was ist ein Akro…, Akro…, Akro…, was du gesagt hast?« fragte Ruh, das sich zum erstenmal zu Wort meldete.

Da Ruh sehr klein war, fanden es alle völlig in Ordnung, daß es die Frage stellte. Sie warteten auf die Antwort.

Der Fremde sah erfreut aus. »*Sehr* gut, Ruh«, sagte er. »Wenn du irgendwas nicht weißt oder nicht verstehst, frag bitte. Hab keine Angst, die anderen könnten denken, du wärst nicht sehr klug. Vielleicht denken sie das oder machen sich über dich lustig, aber die Tatsache, daß du gefragt hast, zeigt, daß du wirklich intelligent bist.«

»Ich wollte es gerade fragen«, sagte Pu, »aber Ruh ist mir zuvorgekommen.«

»Ich auch!« quiekte Ferkel.

»Schön, das zu hören«, fuhr der Fremde fort. »Ein Akronym ist ein Wort, das aus den ersten Buchstaben mehrerer Wörter gebildet wird. Man benutzt es, damit man nicht jedesmal all die Wörter sagen muß, und obendrein werden wir daran erinnert, für welche Wörter das Akronym steht.«

»Dann bedeutet SOLVE also in Wirklichkeit etwas anderes«, sagte I-Ah. »Hätte man sich ja denken können. Hauptsache, keiner weiß mehr Bescheid.«

»Jeder Buchstabe von SOLVE steht für einen der Schritte, die wir machen müssen, um ein Problem zu lösen.« Der Fremde überlegte einen Moment. »Das ist, als würde man im Kreis gehen. Ihr habt ein Problem, also müßt oder wollt ihr es lösen. Bei dem Gedanken fällt euch SOLVE ein, das euch wiederum genau sagt, was ihr zuerst und als nächstes und als übernächstes und so weiter tun solltet, um die Lösung zu finden.«

»Ich glaube, ich verstehe«, sagte Pu. »Aber ich würde es vielleicht besser verstehen, wenn ich wüßte, für welche Wörter SOLVE steht.«

»Ich nenn sie euch gleich, aber sie werden erst dann richtig Sinn ergeben, wenn wir Gelegenheit hatten, sie im einzelnen zu erläutern. Aber es schadet wohl nichts, wenn wir sie erst einmal lernen. Ja, ich denke, ich schreibe sie euch auf.« Der Fremde ging zu den Picknickkörben, die er mitgebracht hatte, öffnete einen und nahm einen großen Schreibblock, eine Staffelei und einen Stift heraus.

Pu war ziemlich enttäuscht, als er das sah, er hatte gedacht, in den Körben wäre nur etwas zu essen. Während der Fremde die Staffelei an der Wand aufstellte, wo jeder sie sehen konnte, lugte Pu in den halbgeöffneten Korb und sah erleichtert, daß er noch immer fast ganz voll mit Essen war.

»Ich schreibe alles so auf, wie ihr es euch merken solltet«, sagte der Fremde. Und er schrieb folgendes:

Selektieren bzw. Auswahl des Problems oder der Situation
Organisieren und Definieren des Problems oder der Situation nach vorheriger Einschätzung
Lernen durch Erfragen sämtlicher Teile des Problems
Visualisieren möglicher Lösungen, Auswahl und Verbesserung einer Lösung
Erproben der Lösung und Überprüfen der Ergebnisse

Sie blickten alle darauf, und dann sprang Ferkel, das, außer dem Fremden und Eule, von allen vermutlich am besten lesen konnte, weil es in Christopher Robins Tasche schon so oft zur Schule gegangen war, auf und ab und quiekte: »Seht mal! Seht mal! Wenn man die ersten Buchstaben der einzelnen Zeilen von oben nach unten liest, kriegt man S-O-L-V-E. Das heißt SOLVE.«

»Zzzweifellosss«, sagte Eule, die sich jetzt ganz genau anschaute, was auf dem Block geschrieben stand. »Ich würde mich zzzu der Behauptung versteigen, daßßß allesss übrige desss dort schriftlich

Fixxxierten die Schritte umfaßßßt, die befolgt werden sollen.«

»Sehr gut, Eule«, sagte der Fremde. »Du liegst absolut richtig.«

»Ich glaube, ich verstehe, was mit SOLVE gemeint ist«, sagte Pu. »Aber ich verstehe nicht den Rest. Ich fürchte, ich bin ein Bär von wenig Verstand.«

»Ganz und gar nicht«, sagte der Fremde. »Ich habe es bloß noch nicht erklärt. Ich verspreche dir, daß du es verstehst, wenn wir es mit Hilfe einiger eurer Abenteuer verdeutlichen.«

»Oh«, sagte Pu, der sich etwas besser fühlte.

»Doch zunächst«, sagte der Fremde, »machen wir Mittagspause. Wir können bestimmt besser lernen, wenn wir eine Kleinigkeit essen, bevor wir weitermachen.«

»Oh ja!« sagte Pu, der sich gleich viel, viel besser fühlte.

Der Fremde packte einen der Körbe aus und legte

das Essen auf den Tisch. »Pu«, sagte er, »da wir hier bei dir zu Hause sind, solltest du anfangen. Möchtest du zuerst etwas Kondensmilch oder lieber Honig?«

Pu stand da und überlegte.

Ferkel, das sich hinter ihm angestellt hatte und darauf wartete, daß er sich entschied, sagte: »Das ist ein Problem. Man könnte es sogar ein Pu-pliziertes Problem nennen. Das könnten wir doch als Beispiel dafür nutzen, wie man es mit SOLVE löst. Nach dem Essen natürlich.«

»Nein«, sagte Pu. »Ich habe es gelöst. Ich möchte zuerst gern beides.«

KAPITEL 2

In welchem dem Wesen von Problemen auf den Grund gegangen wird und Tiegers, Kaninchens und Ferkels Abenteuer als Beispiele herangezogen werden

Das Mittagessen war vorüber, und Pu hatte sich überzeugt, daß in dem Picknickkorb nichts mehr übrig war, das besser gegessen werden sollte, damit es nicht verdarb. Alle hatten beim Tischabräumen geholfen.

Pu setzte sich an den Kamin, aber nicht allzu nah. Wenn er zu nah am Kamin saß, wurde er meist schläfrig, besonders mit vollem Magen.

Der Fremde ergriff wieder das Wort. »Weiß noch einer, wie wir definiert haben, was ein Problem ist?«

Alle nickten, und Eule meldete sich. »Wir haben gesagt, ein Problem issst eine Frage, die zzzur Exxxegese ansteht, die in dem verbalen Ausssdruck ›Heureka‹ kulminiert.«

Pu gefiel sehr, was Eule gesagt hatte, und er wünschte, er hätte es gesagt, weil ein Wort mit X darin vorkam.

Pu war diesbezüglich sehr guter Dinge, denn wenn irgendwas an Wörtern dran war, das leicht war, dann waren es X-Wörter. Man mußte bloß im Wald zwei gerade, gleich lange Stöcke suchen und sie übereinanderlegen. Dann verschob man sie so lange, bis sie wie ein X aussahen. Die Gefahr, daß es wackelig aussah, war nicht besonders groß. Dann fügte man den Rest des Wortes an. Nur wenn man wollte natürlich.

»Alles ist ein Problem «, sagte I-Ah düster. »Aber vor allem ein Schwanz. Einer, der nicht dort bleibt, wo er hingehört.«

»Sehr gut«, sagte der Fremde. »Erinnert ihr euch an die Wörterbuchdefinition? Dort heißt es: Ein Problem ist ›eine zur Lösung anstehende Frage‹, genau ...«

»Dasss sind genau meine Worte«, unterbrach Eule den Fremden und blickte ihn dabei streng an.

»Allerdings«, sagte der Fremde. »Ich wollte eben hinzufügen ›... genau, wie Eule gesagt hat.‹ Sehr gut, Eule.«

»Oh«, sagte Eule. »Danke. Man tut schließßßlich, wasss man kann.«

Pu fragte sich, was aus »Exegese« geworden war, kam aber nicht mehr dazu, es zu fragen, denn der Fremde fuhr fort.

»Mein Wörterbuch definiert ein Problem auch als ›eine schwierige Aufgabe, Person oder Sache‹ ...«

»Genau, was ich gesagt habe«, brummte I-Ah. »›Alles‹ deckt das ja wohl alles ab. Aber kriege ich dafür etwa Anerkennung? Wohl kaum. So ist es nun mal.«

»... was I-Ahs ›Alles‹ impliziert«, beendete der Fremde seinen Satz.

»Ehre wem Ehre gebührt«, sagte I-Ah. »Lieber spät als gar nicht.«

»Jetzt, da wir wiederholt haben, was ein Problem ist«, fuhr der Fremde fort, »wollen wir uns mal anschauen, was wir über das Wesen von Problemen lernen können. Pu, vor dem Essen hast du gesagt, Honig sei ein Problem.«

»Ja«, sagte Pu, und nur für den Fall, daß der Fremde es auf der Stelle lösen wollte, fügte er erklärend hinzu: »Honig kriegen und genug kriegen, jedesmal. Was oft ist.«

Der Fremde wandte sich an Tieger. »Ist Honig kriegen für dich ein Problem?« fragte er.

Tieger überlegte einen Moment. »Nein.« Er schüttelte den Kopf und wedelte gleichzeitig mit dem Schwanz, nur um seine Antwort zu unterstreichen. Tieger können so etwas sehr gut.

»Warum ist das so? Was meinst du?« fragte der Fremde.

»Weil ich noch genau weiß, wie es war, als ich zum erstenmal in den Wald kam. Ich bin zu Pus Haus gegangen. Es war mitten in der Nacht, und Pu, der schon im Bett war, hat mich gehört, ist aufgestanden und hat die Haustür aufgemacht.«

»Ich dachte, er wäre vielleicht ein fremdartiges Tier«, sagte Pu. »Bei dem komischen Geräusch, das er gemacht hat. Ich bin aufgestanden, um ihn zu bitten, es nicht mehr zu machen.«

»Daran erinnere ich mich«, sagte der Fremde. »Es steht hier in dem Buch, das ich mitgebracht habe. Ich lese die Stelle vor.«

»Hallo!« sagte Pu für den Fall, daß dort draußen etwas war.

»Hallo!« sagte Was-es-auch-war.

»Oh!« sagte Pu. »Hallo!«

»Hallo!«

»Ach, *da* bist du!« sagte Pu. »Hallo!«

»Hallo!« sagte das fremdartige Tier, das sich fragte, wie lange das wohl noch so weitergehen würde.

Pu wollte gerade zum viertenmal »Hallo!« sagen, als er dachte, daß er das eigentlich doch

nicht wollte, und deshalb sagte er statt dessen:
»Wer ist da?«
»Ich«, sagte die Stimme.
»Ach!« sagte Pu. »Dann komm doch mal her.«
Also kam Was-es-auch-war, und im Licht der Kerze sahen Es und Pu einander an.
»Ich bin Pu«, sagte Pu.
»Ich bin Tieger«, sagte Tieger.
»Ach!« sagte Pu, denn so ein Tier hatte er noch nie gesehen. »Weiß Christopher Robin, daß du da bist?«
»Natürlich«, sagte Tieger.
»Tja«, sagte Pu, »es ist mitten in der Nacht, und das ist eine gute Zeit zum Schlafengehen. Und morgen früh essen wir dann etwas Honig zum Frühstück. Mögen Tieger Honig?«
»Sie mögen alles«, sagte Tieger vergnügt.

»Dann bin ich wieder ins Bett gegangen«, sagte Pu, »und Tieger hat auf dem Fußboden geschlafen.«

»Am nächsten Morgen hat ein Tischtuch versucht, mich zu beißen, als ich nicht hingeguckt habe«, sagte Tieger, »aber ich war schneller.«

Der Fremde fuhr mit dem Finger die Seite im Buch hinab, bis er die richtige Stelle gefunden hatte.

Pu legte das Tuch wieder auf den Tisch, und auf das Tuch stellte er einen großen Honig-

topf, und sie setzten sich hin, um zu frühstücken. Und sobald sie saßen, nahm Tieger einen großen Mundvoll Honig ... Und er legte den Kopf schief und sah mit einem Auge zur Zimmerdecke hinauf und machte forschende Geräusche mit der Zunge und dann nachdenkliche Geräusche und dann Was-haben-wir-denn-*hier*-Geräusche ... Und dann sagte er mit sehr entschiedener Stimme: »Tieger mögen keinen Honig.«

»Ach!« sagte Pu und versuchte, es so klingen zu lassen, als bedauere er dies zutiefst. »Ich dachte, sie mögen alles.«

»Alles außer Honig«, sagte Tieger.

»Deshalb ist Honig kriegen kein Problem für mich«, sagte Tieger. »Ich mag keinen Honig.«

»Was können wir also von Tieger über Probleme lernen?« fragte der Fremde.

Im Raum war es ganz still, während alle darüber nachdachten, wie die Antwort lauten könnte.

Zuerst dachte Pu, die Antwort wäre vielleicht, daß er ein kleineres Problem hätte, Honig zu kriegen, wenn alle wie Tieger wären, weil es dann mehr Honig gäbe, auf den man es absehen könnte, und der einzige, der es darauf absehen würde, wäre Pu. »Mmmmmmmm«, dachte er. Aber er mußte es laut gedacht haben, weil Eule, die neben ihm hockte, den Kopf wandte und ihn beäugte und fragte, ob ihm das Essen nicht bekommen wäre, weil er so ein merkwürdiges Geräusch machte.

Pu kam zu dem Schluß, daß sein erster Gedanke wahrscheinlich nicht die Antwort war, die der Fremde hören wollte, obwohl es ein guter Gedanke war.

Pu mochte Honig, daher war es ein Problem, welchen zu kriegen. Tieger mochte keinen Honig, daher war Honig kriegen für ihn kein Problem.

»Was ... für ... den ... einen ... ein ... Problem ... ist«, sagte er ganz langsam, »mußfürdenanderenkeinProblemsein.« Er beendete den Satz hastig, um den Gedanken auszusprechen, bevor er ihn vergaß.

»Sehr gut, Pu!« sagte der Fremde begeistert. »Das ist absolut richtig, und alle sollten sich merken, daß das ein sehr wichtiger Aspekt im Hinblick auf das Wesen von Problemen ist. Ob etwas ein Problem ist oder nicht, ist eine persönliche Entscheidung. Zwar betrachten fast alle von uns viele Dinge als Problem, doch die Entscheidung, was ein Problem ist oder wie ernst ein Problem ist, kann individuell unterschiedlich ausfallen. Wir sagen, daß Probleme stark von der persönlichen Einschätzung abhängen.

»Wie, als wir versucht haben, Tieger gestüm zu machen und mit ihm mitten oben in den Wald gegangen sind, damit er sich verläuft und weniger ungestüm ist«, redete Ferkel los. »Pu und Kaninchen und ich haben uns im Nebel verlaufen, und wir haben alle gedacht, es wäre ein Problem, daß wir uns verlaufen hatten. Sogar Christopher Robin war besorgt. Aber Tieger fand nicht, daß es ein Problem war, sich zu verlaufen, und ist einfach zurück zu Känga gegangen, wo er mit Ruh zu Abend gegessen hat.«

»Stimmt«, piepste Ruh, das sich freute, daß etwas, das es getan hatte, erwähnt wurde. »Wir haben auch mit Tannenzapfen gespielt. Aber ich weiß nicht mehr, wie die Geschichte ausging.«

»Sie ging so aus«, sagte Ferkel.

Und als sie mit dem Abendessen fast fertig waren, steckte Christopher Robin den Kopf zur Tür herein.

»Wo ist Pu?« fragte er.

»Lieber Tieger, wo ist Pu?« sagte Känga. Tieger erklärte, was geschehen war, während Ruh gleichzeitig die Sache mit seinem Keks-Huster erklärte und Känga ihnen sagte, sie sollten nicht gleichzeitig sprechen, weshalb es etwas dauerte, bis Christopher Robin erraten hatte, daß sich Pu und Ferkel und Kaninchen im Nebel mitten oben im Wald verlaufen hatten.

»Das ist das Merkwürdige an Tiegern«, flüsterte Tieger Ruh zu, »daß sie sich *nie* verlaufen.«

»Warum denn nicht, Tieger?«

»Sie verlaufen sich einfach nicht«, erklärte Tieger. »So ist das nun mal.«

»An Pus Problem mit Honig können wir also sehen, daß Individuen manchmal unterschiedliche Dinge für ein Problem halten«, sagte der Fremde, »und an

Ferkel sehen wir, daß alle etwas für ein Problem halten, aber ein einzelner möglicherweise nicht. Deshalb sagen wir, daß die Entscheidung, ob etwas ein Problem ist, subjektiv ist.

Außerdem können Probleme oft hinterhältig sein und einem zunächst nicht einmal als Problem erscheinen«, fuhr der Fremde fort. »Sie tauchen zuweilen in einer Form auf, die nur schwer zu erkennen ist, oder als etwas anderes verkleidet.«

»Wie ein Stechginsterbusch«, sagte Pu. »Er sieht wie ein harmloser Busch aus, aber wenn du hineinfällst, kriegst du Stacheln in die Nase und an andere Stellen, was ganz schön unangenehm ist. Stechginsterbüsche können ein Problem sein.«

»Und ob«, pflichtete der Fremde bei. »Außerdem haben Probleme manchmal emotionale Assoziationen, das sind Verbindungen, durch die sie noch schwerer zu lösen sind. Zum Beispiel wenn man mit dem Problem etwas in Verbindung bringt, das einem angst macht ...«

»Wie, wenn man im Wald ist und den Weg nach Hause sucht und ein Heffalump trifft, wenn niemand in der Nähe ist, der einem helfen kann, und man kann nicht laufen, weil der Schnee so tief ist und es so dunkel ist ...« Ferkels Stimme wurde immer höher und höher, während es sich eine immer beängstigendere Situation vorstellte. »Und es ist eisig kalt, und es könnten auch zwei Heffalumps dasein, eins vor dir und eins dicht hinter dir, und sie haben seit Tagen nichts gegessen und ...« Ferkel geriet außer Atem und mußte aufhören.

»Es kann sein, daß man sich dann noch schwerer darauf konzentrieren kann, den Nachhauseweg zu finden«, beendete der Fremde den Satz für Ferkel.

Ferkel zitterte. »Das Problem hätte ich nicht gern. Ich würde warten, bis keine Heffalumps mehr da wären, und mich dann auf die Suche nach dem Nachhauseweg machen.«

»Das nennt man Umdisponieren«, sagte der Fremde.

»Esss bedeutet, etwasss später tun, alsss man esss tun sollte«, sagte Eule, als sie Pus verwirrtes Gesicht sah.

»Aha«, sagte Pu. »Ich dachte, er hätte ›UmdisPunieren‹ gesagt. Danke, Eule.«

»Viele Individuen machen genau das, wenn sie ein Problem haben«, sagte der Fremde. »Umdisponieren ist insofern problematisch, als das Problem schlimmer werden könnte, während man hinauszögert, es in Angriff zu nehmen.«

»Es könnte ein drittes Heffalump dazukommen«, sagte I-Ah. »Sie sind oft zu dritt unterwegs, hab ich zumindest gehört.«

»Oooh!« sagte Ferkel, dem es leid tat, daß ihm dieses Beispiel für ein Problem eingefallen war. Mit einem raschen Rundumblick vergewisserte es sich, daß im Zimmer keine dunklen Stellen waren, wo sich ein Heffalump oder vielleicht drei versteckt hielten und darauf lauerten, sich auf ein vorbeikommendes Ferkel zu stürzen. Es waren keine da, also ging es näher zu Pu und setzte sich neben ihn, um dem Fremden zu lauschen.

»Alle Emotionen und alle persönlichen Einstellungen können sich auf den Prozeß der Problemlösung auswirken und einen Einfluß darauf haben, wie befriedigend eure Lösung ausfällt. Es kommt häufig vor, daß man aufgrund seiner Emotionen meint, ein Problem zu haben, obwohl man eigentlich keins hat. Ein gutes Beispiel dafür ist euer Abenteuer, als Känga und Klein Ruh in den Wald kamen.«

»Das weiß ich noch«, sagte Kaninchen.

»Ich auch! Das weiß ich auch noch!« quietschte Ruh.

»Wir dachten, daß ein Känga im allgemeinen als eins der wilderen Tiere angesehen würde«, sagte Pu.

»Sie waren anders, deshalb wollten wir, daß sie den Wald wieder verlassen«, sagte Kaninchen.

»Aber sie waren wirklich sehr nett, und jetzt sind sie unsere Freunde, deshalb war es schließlich doch kein Problem«, sagte Ferkel.

»Richtig«, sagte der Fremde. »Deshalb müssen wir uns stets ganz genau klarmachen, wie sich persönliche Einstellungen und Emotionen auf Probleme, die wir lösen wollen, auswirken können. Manchmal sagen Individuen, die an einem Problem arbeiten, so etwas wie: ›Holen wir uns eine unvoreingenommene Meinung ein.‹ Das bedeutet, sie wollen sichergehen, daß Emotionen das Problem oder die Lösung nicht beeinflussen, und deshalb ziehen sie jemand Unbeteiligten hinzu, damit er ihre Arbeit überprüft. Das nennt man manchmal auch eine ›frische Perspektive‹ suchen.«

Pu übte mehrmals leise, »frische Perspektive« zu sagen, weil ihm der Klang gefiel. Es klang so wie die Sachen, die Eule sehr gut sagen konnte. Am Ende kam dabei »frische Puspektive« heraus, was nicht schlimm war, weil es ihm genauso gut gefiel. Vielleicht sogar noch besser.

»Haben wir damit das Wesen von Problemen abgehandelt?« fragte Tieger, der sein Ungestüm schon seit geraumer Zeit bändigte.

»Ich fürchte nein, Tieger«, antwortete der Fremde. »Es gibt noch einen weiteren Aspekt von Problemen, über den ich gern noch sprechen würde, bevor wir für heute Schluß machen.«

Tieger war zweimal sehr schnell ungestüm, damit niemand ihn sah. Er machte seinem Ungestüm ein wenig Luft, so daß er wieder zuhören konnte, als der Fremde fortfuhr.

»Ich möchte darauf zu sprechen kommen, daß man es häufig nicht nur mit einem Problem zu tun hat. Oft hat man mehrere gleichzeitig oder in einer gewissen Reihenfolge zu lösen. Weiß jemand, bei welchem von euren Abenteuern das der Fall war?«

»Bei dem Abenteuer, bei dem Ferkel Etwas Ganz Großes vollbringt, war das so«, sagte Pu.

»Das könnte ein gutes Beispiel sein, Pu. Erzähl uns doch, was da war.«

»Es war an dem Tag, als es sehr stürmisch war«, sagte Pu, »und Ferkel und ich waren auf dem Weg zu Eules Haus, um mit ihr einen Ordentlichen Tee zu trinken.«

Jetzt blies der Wind von vorne, und Ferkels

Ohren flatterten hinter ihm her

wie Wimpel,

während Ferkel um jeden Fußbreit Boden kämpfte, und es schien Stunden gedauert zu haben, als es die Ohren endlich in den Schutz des Hundertsechzig-Morgen-Waldes gebracht hatte und sie wieder aufrecht stehen konnten, um, ein wenig nervös, dem Toben des Sturms in den Baumwipfeln zu lauschen.

»Angenommen, ein Baum fällt um, Pu, wenn wir direkt darunter stehen?«

»Angenommen, er fällt nicht um«, sagte Pu nach sorgfältigem Nachdenken.

»Ja, ich erinnere mich«, sagte der Fremde. »Dann ist tatsächlich ein Baum umgestürzt, nicht wahr?«

»Ja«, sagte Pu. »Aber wir waren nicht unter ihm. Wir waren in ihm.«

»Es war Eules Baum«, sagte Ferkel. »Es war genau, wie du gesagt hast. Wir hatten einige Probleme … alle auf einmal.«

»Wir konnten nicht zzzu dem hinausss, wasss

einsssst die Haussstür war«, sagte Eule. »Esss war etwasss draufgefallen. Raussszzzukommen war dasss Problem.«

»Und da war das Problem, wie ich zu dem Briefkasten hochkommen sollte, ohne zu fallen und mir böse weh zu tun.« Ferkel schauderte schon bei der Erinnerung.

»Ganzzz zzzu schweigen davon, daßßß ich kein Haussss mehr hatte«, sagte Eule. »Obdachlosss zzzu sein issst niemalsss leicht und fassst immer ein Problem.«

»Ich weiß«, sagte I-Ah düster. »Aus leidvoller Erfahrung. Aber mit so was muß man nun mal rechnen. Erst recht, wenn es draußen kalt ist und schneit.«

»Das ist ein tolles Beispiel für das, worüber ich eben gesprochen habe«, sagte der Fremde.

»Wie haben sie denn bloß die vielen Probleme gelöst?« piepste Ruh, das immer wissen wollte, wie etwas ausging.«

Wenn Känga dagewesen wäre, hätte sie gesagt: »Ruh, mein Liebling, nun wart's doch ab. Du wirst es noch früh genug erfahren.«

Der Fremde sagte im großen und ganzen das gleiche, nur mit anderen Worten. »Sei so lieb, Ruh, und hab noch ein wenig Geduld. Also, solange wir das alles noch frisch im Gedächtnis haben, möchte ich zusammenfassen, was wir bislang über das Wesen von Problemen gelernt haben. Wir haben gesagt, daß es subjektiv ist, ob etwas als Problem betrachtet wird, und wie ernst wir ein Problem einschätzen, kann individuell verschieden sein. Manche unserer Probleme sind verkleidet, das heißt, sie erscheinen als etwas, das sie nicht sind. Wie wir ein Problem angehen oder lösen, wird mitunter durch unsere eigenen emotionalen Faktoren oder persönlichen Einstellungen beeinflußt oder durch die von anderen. Probleme können einfach oder komplex sein. Es kann vorkommen, daß wir es mit mehr als einem Problem auf einmal zu tun haben oder daß wir Probleme in einer bestimmten Reihenfolge lösen müssen.«

Der Fremde hielt inne und blickte in die Runde. »Gibt es irgendwelche Fragen?« Er wartete einen Moment. »Wenn nicht, denke ich, haben wir für heute genug getan. Ich schlage vor, wir sehen mal nach, was sich in dem zweiten Picknickkorb befindet.«

Was in dem Korb war, reichte für einen Sehr Schönen Tee, und es würde noch genug für eine Abendmahlzeit übrigbleiben.

Während alle ihren Tee einnahmen, erfuhr Ruh von den anderen, wie sie die Probleme gelöst hatten, nachdem Eules Haus umgeweht worden war, und Ruh schlief ein, als Pu gerade fertig erzählte, wie es war, als Ferkel Etwas Ganz Großes vollbrachte.

KAPITEL 3

In welchem gezeigt wird, daß SOLVE *nicht nur für Probleme da ist, und I-Ah eine ergreifende Erfahrung macht*

Fast alle waren bereits da, als der Fremde am nächsten Morgen zu Pus Haus kam. Klein hatte sich wieder verlaufen, und Kaninchen war ihn suchen gegangen, weshalb die beiden nicht da waren. Känga hatte sich erneut entschuldigen lassen, weil sie noch was im Haushalt erledigen wollte, Dinge, die sie schon so lange immer wieder umdisponiert hatte (»Siehst du«, sagte Pu zu Ferkel. »Davor sind wir ja gewarnt worden.«), aber sie schickte Ruh zusammen mit Tieger. Alexander Käfer war noch immer verschwunden, und einige meinten, er hätte sich vielleicht mit dem Kopf nach unten in einer Spalte im Boden vergraben, was er manchmal tat.

»So was ist nicht unbedingt schlecht«, sagte I-Ah fast vergnügt. »Dann muß man nicht die ganze Zeit aufpassen, daß man nicht auf ihn drauf tritt oder sich auf ihn setzt.«

»Oder Klein«, quiekte Ferkel. »Er ist nämlich genauso nicht da. Oder heißt es ›ebenfalls nicht da‹ und dann ›auf *sie* drauf setzt‹?«

»Oder Klein«, pflichtete I-Ah bei. »Egal.«

Da es am Abend zuvor spät geworden war, als sie die letzte Geschichte erzählt hatten und Ruh eingeschlafen war, hatte Pu dem Fremden freundlicherweise angeboten, auf dem Fußboden in seinem Haus zu schlafen. Doch der Fremde erwiderte, er wolle Pu keine Umstände machen und würde sich im Gasthaus im Dorf einquartieren, das nur einen Katzensprung die Straße hinunter lag. Er sagte, er würde sie alle am nächsten Morgen wiedersehen und dann würden sie über eine andere Art von Problem sprechen.

Nachdem er gegangen war, fragte Ferkel Pu: »Was sind ›Umstände‹?«

Pu überlegte einen Moment. »Ich glaube, er hat gemeint, er will nicht die ganze Nacht im Weg herumstehen.«

»Ach so«, sagte Ferkel. »Das war mir nicht ganz klar.«

Als er hereinkam, entschuldigte sich der Fremde für seine Verspätung und sagte, daß er deshalb gleich anfangen wolle.

»Heute möchte ich darüber reden«, begann der Fremde, »daß die SOLVE-Methode nicht nur für Probleme gut ist. Gestern sprachen wir über Probleme und Schwierigkeiten, die ihr bei euren Abenteuern hattet. Etwas zum Frühstück für Tieger finden, sich mitten oben im Wald im Nebel verlaufen und Eules umgewehtes Haus, das alles waren Probleme oder Schwierigkeiten, mit denen ihr es zu tun hattet. Die SOLVE-Methode hilft bei solchen Problemen. Doch die SOLVE-Methode kann *auch* ein wirkungsvolles Mittel sein, Situationen oder Dinge eurer Wahl zu verbessern.«

Der Fremde zeigte auf den Schreibblock, der noch immer auf der Staffelei an der Wand stand. »Ihr erinnert euch sicherlich, daß der erste Schritt der SOLVE-Methode ›Selektieren bzw. Auswahl des Problems oder der Situation‹ lautet. Ich möchte euch erklären, warum das Wort ›Situation‹ dort steht.«

»Das habe ich mich schon gefragt«, sagte I-Ah. »Ich dachte, hier ginge es nur um Problemlösung. Ich habe noch nie was von ›Situationslösung‹ gehört. Im letzten Augenblick noch Sachen hinzuzufügen und Verwirrung zu stiften ist nicht gerade hilfreich.« Er schüttelte den Kopf. »Ganz und gar nicht hilfreich.«

»Der Grund, warum wir ›Situation‹ zu unserem Schritt ›Selektieren‹ hinzufügen«, erläuterte der Fremde, »statt lediglich ›Selektieren des Problems‹ zu sagen, ist der, daß Selektieren entweder ein passiver oder ein aktiver Prozeß sein kann. Passive Entscheidungen sind normalerweise solche, vor die ihr ohne euer Zutun gestellt werdet, häufig durch jemand anders oder durch das Schicksal. Ein Familienmitglied, ein Freund, eure Chefin, euer Land oder die Gegend, in der ihr lebt, wirtschaftliche Bedingungen, Krankheit und so weiter, das alles kann euch vor Probleme stellen, die ihr lösen müßt. Ihr seid passiv. Das Problem kommt zu euch. Ihr könnt nichts dafür, daß ihr in die Lage geratet, ein Problem zu lösen. Ein gutes Beispiel für eine passive Entscheidung ist die, über die wir schon gesprochen haben, als der Wind Eules Haus umgeweht hat. Andererseits ...«

»Er meint ›Im Unterschied zu der ersten Sache, über die er gesprochen hat‹«, flüsterte Pu Ferkel zu. Pu hatte das von Eule gelernt, aber er war sich nicht sicher, ob Ferkel es verstand.

»Danke, Pu«, sagte Ferkel. »Ich war mir nicht sicher.«

»... sind aktive Entscheidungen solche, die ihr bewußt trefft, für gewöhnlich um besser zu werden oder etwas zu besser zu machen. Und das geht so: Ihr beschließt, eine Situation so zu behandeln, als wäre sie ein Problem, obwohl sie das zu dem betreffenden Zeitpunkt vielleicht gar nicht ist, und wendet die SOLVE-Methode an, um sie zu verbessern.

Je besser ihr im Problemlösen werdet, desto öfter werdet ihr feststellen, daß ihr euch selbst Situationen auswählt, die ihr verbessern wollt. Deshalb haben wir ›Situation‹ zu dem Selektierungsschritt hinzugefügt.«

I-Ah schüttelte den Kopf. »Ich glaube, das verstehe ich nicht«, sagte er. »Es gibt doch wohl genug Probleme, ohne daß man Sachen zu Problemen macht, die keine sind. Keine Probleme, meine ich.«

Der Fremde dachte einen Moment lang nach. »Ich möchte dir das Ganze an einem Beispiel verdeutlichen. Weißt du noch, wie das war, als Pu und Ferkel beschlossen, dir zu helfen? Das war so:«

»Ich habe nachgedacht«, sagte Pu, »und das, worüber ich nachgedacht habe, ist folgendes: Ich habe über I-Ah nachgedacht.«

»Was ist mit I-Ah?«

»Na ja, der arme I-Ah hat nichts, wo er wohnen kann.«

»Nein, hat er nicht«, sagte Ferkel.

»*Du* hast ein Haus, Ferkel, und ich habe ein Haus, und das sind sehr gute Häuser. Und Christopher Robin hat ein Haus, und Eule und Känga und Kaninchen haben Häuser, und sogar Kaninchens Bekannte-und-Verwandte haben Häuser oder dergleichen, aber der arme I-Ah hat nichts. Deshalb habe ich

über folgendes nachgedacht: Komm, wir bauen ihm ein Haus.«

»Das«, sagte Ferkel, »ist eine großartige Idee. Wo sollen wir es hinbauen?«

»Wir werden es hierherbauen«, sagte Pu, »genau hier an den Wald, windgeschützt, denn hier habe ich darüber nachgedacht. Und wir werden es Puwinkel nennen. Und aus Stöcken werden wir ein I-Ah-Haus im Puwinkel für I-Ah bauen.«

»Drüben auf der anderen Seite des Waldes war ein Haufen Stöcke«, sagte Ferkel. »Ich habe sie gesehen. Jede Menge. Alle aufgestapelt.«

»Ich danke dir, Ferkel«, sagte Pu. »Was du gerade gesagt hast, wird uns eine große Hilfe sein, und deshalb könnte ich diese Stelle Pu &

Ferkelwinkel nennen, wenn Puwinkel nicht viel besser klänge, was es aber tut, weil es kleiner und winkeliger ist. Komm mit.«
Also stiegen sie vom Tor herunter und gingen um den Wald herum, um Stöcke zu holen.

»Ich verstehe, was du meinst«, sagte I-Ah. »Damit, etwas zu einem Problem zu machen, obwohl es keins ist, um eine Sache zu verbessern. Ich hatte mir selbst ein Haus gebaut, und als ich es am Morgen verließ, war es noch da. Als ich wiederkam, war es weg. Das war ein Problem. Es war nicht wirklich verschwunden. Es war bloß auf die andere Seite des Waldes verschoben worden. Daraus habe ich gefolgert, das der Wind das gemacht hat.

»Aber du hast gesagt, das Haus sei teilweise besser«, sage Pu.

»Und wir haben gesagt ›viel besser‹«, sagte Ferkel.

»Und das heißt, es ist verbessert worden«, sagte der Fremde, der ein wenig verlegen war, weil er vergessen hatte, daß I-Ah sich selbst ein Haus gebaut hatte, von dem Pu und Ferkel aber nichts wußten. Als Pu und Ferkel beschlossen, ihm ein Haus zu bauen, benutzten sie, um das neue zu bauen, das Haus, das I-Ah bereits gebaut hatte. Sie hatten I-Ah nichts davon erzählt, und er dachte immer noch, der Wind hätte es an die andere Stelle geblasen.

»Ich verstehe«, sagte I-Ah verwirrt. »Pu und Ferkel haben mein Haus zu einem Problem gemacht, obwohl es keins war, und am Ende war es verbessert.«

»Ja«, sagten Pu und Ferkel gleichzeitig.

»Jedenfalls«, sagte der Fremde, »lassen sich Dinge oder Situationen, die keine Probleme sind, verbessern, indem man sagt, daß sie ein Problem sind, und indem man SOLVE anwendet, als wären sie ein Problem.«

Eule, die das *Wall Street Journal* las, blickte weise und sagte: »Ich lese häufig in der Zzzeitung, daßßß Firmen ihre Kosssten in einem bestimmten Bereich verbessssssern oder eine verbesssssserte Version ihres Produktesss entwickeln, obwohl an der alten nichtsss aussszzzusetzzzen war. Dasss wäre dann wohl dasss, wasss du gemeint hassst.«

»Genau«, sagte der Fremde, »und jeder kann mit Hilfe von SOLVE seine Fähigkeiten optimieren oder etwas an sich selbst oder seiner Situation verbessern, wenn er damit unzufrieden ist.«

»Wie ungestümes Springen«, sagte Ferkel.

»Ich springe schon so ungestüm, wie ich kann«, sagte Tieger, »aber vielleicht schaffe ich es ja noch höher.«

»Das habe ich nicht gemeint«, murmelte Ferkel, aber Tieger hörte es nicht.

»Känga springt höher als du«, sagte Ruh, das behilflich sein wollte. »Vielleicht kann sie dir Unterricht geben, oder du könntest SOLVE anwenden, um noch höher zu springen.«

Ferkel schauderte bei der Vorstellung.

Der Fremde sagte: »Ich denke, es ist jetzt bald Zeit für unser Mittagessen. Laßt mich noch schnell eine Sache wiederholen, und dann sehen wir nach, was uns das Gasthaus Leckeres in den Picknickkorb gepackt hat, den ich draußen stehengelassen habe, damit das Essen kühl bleibt.«

Alle fanden die Idee gut.

»Eines möchte ich betonen. Wir haben gesehen, daß die Probleme, mit denen ihr es zu tun haben könnt, einfach oder komplex sind, daß sie einzeln oder zu mehreren kommen, daß sie subjektiv sind oder in verkleideter Form auftauchen und daß emotionale Faktoren oder persönliche Einstellungen von euch oder von denen, die beteiligt sind, eure Lösungen und euren Umgang mit Problemen beeinflussen können. Die Situationen, die ihr selbst aussucht, um sie zu verbessern, sind im wesentlichen genauso wie die Probleme, die sich euch stellen. Der einzige Unterschied zwischen den beiden Problemarten im Hinblick auf SOLVE liegt in dem S-Schritt, über den wir nach dem Essen sprechen werden.«

»Was ich immer noch nicht verstehe«, sagte I-Ah zu Ferkel, während sie darauf warteten, daß der Picknickkorb ausgepackt wurde, »ist, wieso deine und Pus Entscheidung, mir ein Haus zu bauen, eine

Verbesserung meines Hauses zur Folge hatte, wo doch der Wind es an eine andere Stelle geblasen hatte.«

»Wahrscheinlich erfahren wir das, wenn der Fremde uns die fünf Schritte von SOLVE beibringt«, sagte Ferkel vorsichtig.

»So, wie es normalerweise läuft«, sagte I-Ah düster, »werde ich es vermutlich auch dann noch nicht wissen, wenn wir damit fertig sind.«

»Das halte ich für möglich«, sagte Ferkel. Zumindest hoffe ich es, fügte es für sich hinzu.

KAPITEL 4

In welchem der Selektierungsschritt erörtert wird, Pu lernt, richtig von falsch zu unterscheiden, und Ferkel seinen Namen entdeckt

»Bisher haben wir über das Wesen von Problemen gesprochen«, begann der Fremde. »Jetzt werden wir darüber reden, wie man Probleme löst. Um unsere SOLVE-Methode anzuwenden, brauchen wir ein Problem, für das wir eine Lösung finden möchten. Das ist der erste Schritt unserer Fünf-Schritte-Methode – die Auswahl des Problems, an dem wir arbeiten werden. Bei diesem ersten Schritt müssen wir gut aufpassen, denn, wie wir gesagt haben, tauchen Probleme manchmal verkleidet auf. Probleme sind so wie das, was Sir Winston Churchill –«

»Noch ein Winnie!« sagte Pu stolz.

»– wie das, was Sir Winston Churchill einmal über Rußland gesagt hat«, fuhr der Fremde fort. »Es ist ›ein Rätsel, das in einem Mysterium innerhalb eines Geheimnisses verpackt ist‹. Wir sollten sichergehen, daß wir das *richtige* Problem aussuchen, um daran zu arbeiten.«

Alle sahen ihn ausdruckslos an. Pu sagte nicht einmal: »Ah, ich verstehe«, was er für gewöhnlich sagte, wenn er etwas nicht verstand.

»Vielleicht wird das Ganze deutlicher«, sagte der Fremde, »wenn wir das Abenteuer heranziehen, als Känga und Ruh in den Wald kamen. Sie waren neu, und ihr wart alle nicht gerade begeistert, weil Känga angeblich eins der wilderen Tiere war. Euer Problem war, so dachtet ihr zumindest, wie ihr sie dazu bringen konntet, den Wald wieder zu verlassen.«

Als der Fremde das sagte, versuchte Ruh, so gut es konnte, wie eins der wilderen Tiere auszusehen, aber es stellte sich nicht besonders gut an, weil Tieger dachte, Ruh wollte einen Wettbewerb veranstalten, wer das komischste Gesicht machen konnte, und er zog eine Grimasse, so daß Ruh anfing zu kichern. Damit war die Wirkung natürlich dahin, weil es wohlbekannt war, daß die wilderen Tiere im allgemeinen nicht kichern.

»Ich weiß noch, wie das war«, quiekte Ferkel los. »Das eigentliche Problem bestand darin, daß wir nicht genug über Känga und Ruh wußten, um zu entscheiden, ob sie ein Problem waren oder nicht. Wir wußten nur, wie sie aussahen, und ich weiß jetzt, daß es manchmal falsch ist, nach dem Äußeren zu urteilen. Mir ist das selbst auch passiert, weil ich so getan hatte, als wäre ich Ruh, damit wir Ruh entführen und Känga eine solche Angst einjagen konnten, daß sie den Wald wieder verlassen würde. Und dann kam Christopher Robin vorbei und wußte nicht, daß ich ich war, weil ich anders aussah.«

»Daran kann ich mich gar nicht erinnern«, sagte der Fremde. »Was ist denn da passiert?«

»Das war, kurz nachdem Känga mich in eine Wanne mit kaltem Wasser gesteckt hatte und mir Stärkungsmedizin geben wollte, weil sie dachte, ich wäre Ruh, und da kam Christopher Robin vorbei. Ich habe versucht, ihm klarzumachen, daß ich Ferkel war.

Christopher Robin schüttelte wieder den Kopf.

»Du bist aber nicht Ferkel«, sagte er. »Ich kenne Ferkel gut, und es hat eine *ganz* andere Farbe.«

Ferkel wollte gerade sagen, das liege daran, daß es gerade gebadet habe, und dann dachte es, daß es dies vielleicht doch nicht sagen

wollte, und als es den Mund aufmachte, um etwas anderes zu sagen, stopfte ihm Känga den Löffel mit der Medizin hinein und klopfte ihm dann auf den Rücken und sagte, der Geschmack sei doch eigentlich recht angenehm, wenn man sich erst mal daran gewöhnt habe.
»Ich wußte doch, daß es nicht Ferkel sein kann«, sagte Känga. »Ich frage mich, *wer* es sein kann.«
»Vielleicht irgendein Verwandter von Pu«, sagte Christopher Robin. »Vielleicht ein Neffe oder Onkel oder so was?«
Känga gab ihm recht und sagte, das sei es wahrscheinlich, und sagte, sie müßten es mit irgendeinem Namen anreden.
»Ich werde es Putel nennen«, sagte Christopher Robin. »Das ist die Abkürzung von Heinz Putel.«
Und gerade als dies beschlossene Sache war, schlängelte sich Heinz Putel aus Kängas Armen und sprang auf den Fußboden. Zu seiner großen Freude hatte Christopher Robin die Tür offengelassen. Nie war Heinz Putel-Ferkel so schnell gerannt wie diesmal, und es hörte nicht auf zu rennen, bis es ganz nah bei seiner Wohnung war. Aber als es nur noch hundert Meter entfernt war, hörte es auf zu rennen und rollte den Rest des Weges nach

Hause, um wieder seine eigene Farbe zu bekommen …

»Und so habe ich meinen vollständigen Namen herausgefunden«, sagte Ferkel. »Heinz Putel-Ferkel. Damit hatte ich genauso viele Namen wie Eduard Pu Bär.« Ferkel hielt inne. »Das heißt, solange man den ›Winnie-der-‹Teil nicht mitzählt.«

»Daran sieht man sehr schön, daß es ein Fehler sein kann, nur nach dem Äußeren zu gehen«, sagte der Fremde. »Beim Selektieren eines Problems muß man darauf achten, daß man auch wirklich dasjenige Problem auswählt, das man lösen möchte oder lösen muß. Wie Phaedrus geschrieben hat: ›Die Dinge sind nicht immer das, was sie zu sein scheinen.‹«

»Wer issst Phaedrusss?« fragte Eule, die gern über solche Sachen Bescheid wußte.

»Ein mazedonischer Schriftsteller, der vor fast zweitausend Jahren gelebt hat«, sagte der Fremde, der ebenfalls gern über solche Sache Bescheid wußte.

»Das ist lange her«, sagte Ferkel. »Ich frage mich, ob die Dinge heute vielleicht immer das sind, was sie zu sein scheinen.«

Eule blinzelte sehr schnell mit den Augen, weil sie »Phaedrusss, Phaedrusss, Phaedrusss« vor sich hinsagte, um sich den Namen einzuprägen, falls sie je danach gefragt würde.

»Also«, fuhr der Fremde fort, »unser erster Schritt in der Fünf-Schritte-SOLVE-Methode ist der S-Schritt. Wer weiß noch, wofür das S steht?«

»Das S steht für ›Selektieren bzw. Auswahl des Problems oder der Situation‹«, sagte Ferkel, auf den Schreibblock schielend, der noch immer auf der Staffelei stand.

Der Fremde nickte beifällig. »Manchmal ist das Selektieren bzw. die Auswahl des Problems einfach und offensichtlich, aber aufgrund des Wesens von Problemen müssen wir stets gründlich überlegen, ob wir das richtige Problem ausgewählt haben.«

»So, wie es normalerweise läuft«, sagte I-Ah düster, »werde ich wahrscheinlich das falsche Problem aussuchen. Warum ist das schlecht?«

»Ich denke«, sagte Pu, »wenn du nicht das richtige Problem aussuchst, ist es das falsche Problem, was bedeutet, daß du noch immer das richtige Problem lösen mußt, nachdem du das falsche Problem gelöst hast, falls du es gelöst hast. Richtig?«

Alle dachten darüber nach, was Pu gesagt hatte, und nachdem sie das Richtige und das Falsche auseinandersortiert hatten, kamen sie zu dem Schluß, daß er recht hatte.

»Stimmt, Pu«, sagte der Fremde, »aber das ist nur der halbe Grund.«

»Dann brauchen wir noch eine Hälfte«, quiekte Ferkel. Als es einmal in Christopher Robins Tasche in die Schule gegangen war, hatte es etwas von höherer Mathematik mitbekommen. Christopher Robin hatte Ferkel aus seiner Tasche genommen, und es hatte $^1/_2 + ^1/_2 = 1$ an der Tafel stehen sehen. Nach der Schule hatte Christopher Robin ihm das mit Hilfe eines Stocks erklärt, den er in der Mitte durchgebrochen hatte. Ferkel war aufgeregt, weil seine Chance gekommen war, das, was es gelernt hatte, anzubringen.

»Ja«, sagte Eule. »Welchesss issst der ressstliche Teil desss Integralsss?«

»Wenn wir das falsche Problem auswählen«, erklärte der Fremde, »kann es passieren, daß wir nicht nur Zeit und Mühe verschwenden, sondern in manchen Fällen auch die Auswahl möglicher Lösungen auf die Situation beschränken, in der wir uns befinden.«

»Das verstehe ich nicht«, sagte I-Ah. »Seht ihr,

ich hab euch doch gesagt, daß mir diese Problemlösungssache Schwierigkeiten macht. Vielleicht sollte ich einfach aufgeben.« Er schüttelte den Kopf. »Ein Bild des Jammers. Genau. Ein Bild des Jammers.«

»Nein, I-Ah«, sagte der Fremde. »Laß dich nicht entmutigen, wenn du Schwierigkeiten hast. Das heißt nur, daß du dich vielleicht mehr anstrengen mußt, aber am Ende wirst du besser lernen. Einer der größten Erfinder der Welt, Charles F. Kettering, hat gesagt: ›Beschert mir nichts als Schwierigkeiten. Gute Nachrichten schwächen mich.‹ Also mach dir keine Sorgen, I-Ah, und gib *nicht* auf. Ein anderer berühmter Mann, Thomas J. Watson sen., der Gründer von IBM, hat gesagt: ›Erfolg ist die Kehrseite von Scheitern.‹ Nun wollen wir mal sehen, ob ich noch besser erklären kann, wie die Auswahl des falschen Problems eure Aussichten auf eine befriedigende Lösung einschränken kann. Im Fall von Känga und Ruh habt ihr gedacht, sie seien fremd und würden im allgemeinen als zwei von den wilderen Tieren angesehen, und das Problem war, daß sie im Wald waren.«

»Vor allem Kaninchen hat das gedacht«, sagte Pu.

»Wir haben es auch gedacht«, sagte Ferkel rasch, weil es unbedingt auch etwas von der Anerkennung abkriegen wollte, falls es welche gab.

»Wenn man fälschlicherweise denkt, das Problem

sei, daß Känga und Ruh im Wald sind …«, begann der Fremde.

»Vor allem Kaninchen«, fiel ihm Ferkel rasch ins Wort, »hat das gedacht, meine ich.«

»… fällt einem als einzige Lösung ein, sie wieder aus dem Wald rauszuschaffen.«

»Leuchtet mir ein«, sagte I-Ah.

»Doch wenn man das richtige Problem auswählt – nämlich, daß ihr nicht genug über diese neuen Tiere wißt –, sind vielerlei Lösungen möglich. Ihr könnt mehr über sie in Erfahrung bringen. Herausfinden, ob sie wirklich zwei von den wilderen Tieren sind. Überlegen, ob sie nur in einem bestimmten Teil des Waldes leben können. Eine Probezeit ansetzen, während der sie bleiben können, damit ihr seht, ob es Probleme gibt. Feststellen, ob sie möglicherweise gute Freunde sind und so weiter und so weiter. Wahrscheinlich gibt es ein Dutzend oder mehr Lösungen, wenn ihr das richtige Problem auswählt, und nicht nur eine, wie in dem Fall, wenn ihr das falsche Problem auswählt.«

»Jetzt verstehe ich«, sagte I-Ah. »Danke. Das ist viel deutlicher.«

»Schön«, sagte der Fremde. »An diesem Punkt in unserem S-Schritt wollen wir uns über mehrere Dinge im klaren sein, bevor wir fortfahren. Erstens: Hat das Problem euch ausgewählt oder habt ihr das Problem oder die Situation ausgewählt? Obwohl man in beiden Fällen mit SOLVE auf die gleiche Weise weitermacht, empfiehlt sich doch eine Überprüfung, wenn das Problem euch ausgewählt hat, um sicherzugehen, daß ihr an dem richtigen Problem arbeitet. Zweitens: Bestimmt, ob das Problem einfach oder komplex ist und ob es sich um ein Problem oder um mehrere handelt. Wie wir bereits besprochen haben, müßt ihr, falls es mehrere Probleme sind, überlegen, in welcher Reihenfolge ihr die Probleme behandelt und welche Dringlichkeit sie haben, vor allem im O-Schritt. Drittens: Überlegt und entscheidet, ob mit dem Problem oder der Situation emotionale Faktoren verbunden sind. Manchmal ist das der Fall, und manchmal haben die beteiligten Individuen emotionale Assoziationen entweder mit dem Problem oder mit den übrigen Beteiligten.«

»Du meinst ..., wie wenn ein Heffalump beteiligt ist?« fragte Ferkel. »Und jemand, der Angst vor Heffalumps hat, beteiligt ist?«

»Ja. Das wäre ein Beispiel, aber es muß nicht unbedingt eine negative Emotion sein wie Furcht oder Wut. Es könnte auch sein, daß zwei andere an dem Problem beteiligt sind und du den einen viel lieber magst als den anderen. Das könnte sich darauf auswirken, wie du das Problem angehst, und auf deine Lösung.«

»Wasss macht man denn«, fragte Eule, »wenn

man fessststellt, daßßß emotionale Faktoren im Spiel sind?«

»Manchmal bleibt einem kaum etwas anderes übrig, als sich einfach nur klarzumachen, daß emotionale Faktoren im Spiel sind, und sehr genau darauf zu achten, daß sie einen bei der Problembewältigung nicht allzusehr beeinflussen. Im letzten Teil des S-Schrittes solltet ihr das Problem oder die Situation so klar und einfach wie möglich darlegen. Wenn ihr dabei Mühe habt, kann es sein, daß ihr das Problem nicht verstanden oder daß ihr das falsche Problem ausgewählt habt. Für mich ist es oft eine Hilfe, wenn ich versuche, auf einem Blatt Papier aufzuschreiben, worin das Problem besteht. Wenn ihr an diesem Punkt Schwierigkeiten habt, solltet ihr noch einmal von Anfang an überlegen, was genau das Problem ist, oder abklären, was ihr nicht versteht.«

Der Fremde hielt inne und blickte zum Fenster hinaus. Es wurde langsam dunkel.

»Bevor wir für heute Schluß machen, möchte ich noch eine weitere Sache behandeln. Wie ihr euch sicherlich erinnert, haben wir gesagt, daß SOLVE nicht nur für die Lösung von Problemen da ist. Man kann damit auch etwas verbessern, das womöglich kein Problem darstellt.«

»Ja«, sagte I-Ah. »Darüber habe ich schon nachgedacht. Mir scheint, daß es schwierig sein könnte zu entscheiden, was verbessert werden sollte, da schließlich alles, was im Moment kein Problem ist, verbessert werden könnte. Was bedeutet, daß man nicht nur eine Sache, sondern vielleicht drei oder vier Sachen entscheiden muß.« I-Ah blickte in die Runde. »Glaube ich.«

»Es gibt da keine festen Regeln, I-Ah«, sagte der Fremde, »aber du hast recht. Manchmal ist es tatsächlich schwierig zu bestimmen, wo SOLVE zur Anwendung kommen soll. Aber es gibt auch ein paar allgemeine Richtlinien. Zum Beispiel: Wähle etwas aus, das deiner Meinung nach verbessert werden könnte.«

»Wie zum Beispiel ein Schwanz«, sagte I-Ah.

»Ja«, sagte der Fremde. »Oder jemand möchte besser aussehen oder ein wenig abnehmen.«

»Das hab ich mal gemacht, als ich im Vordereingang von Kaninchens Haus steckengeblieben bin«, sagte Pu. »Das möchte ich nie wieder machen.«

»Der eine oder andere möchte vielleicht mehr Geld sparen oder bei der Arbeit oder im Privatleben etwas verbessern«, fuhr der Fremde fort.

»Bei der Arbeit oder im Beruf fällt die Entscheidung, was zu verbessern ist, ein wenig leichter. Man wählt Situationen aus, wo es um viel Geld oder um Zeit geht, um die Sicherheit am Arbeitsplatz oder um den Dienst am Kunden. Im Grunde ist es vor allem eure eigene Entscheidung. Selbst wenn ihr etwas auswählt, das ihr verbessern wollt, obwohl etwas anderes vielleicht eine näherliegende Entscheidung gewesen wäre, so habt ihr trotzdem immer noch etwas verbessert. Noch irgendwelche Fragen zum S-Schritt von SOLVE?« fragte er.

»Nein«, sagte Pu, nachdem er sich etwa eine Sekunde lang konzentriert hatte. »Ich denke, es ist jetzt alles klar in meinem Verstand. Ich denke, ich habe verstanden.« Die anderen pflichteten bei, bis auf Tieger, weil er sich gerade an einen Käfer heranschlich, der sich als Alexander – der unter den Läufer geraten war, als er Pu das letzte Mal besucht hatte – entpuppen sollte.

»Tja, wenn das so ist«, sagte der Fremde, »bin ich für heute fertig. Beim nächsten Mal lernen wir alles über das Organisieren und Definieren von Problemen nach vorheriger Einschätzung der Probleme. Können wir uns nächsten Dienstag treffen, um über den O-Schritt von SOLVE zu sprechen?«

»Kein Problem«, sagten alle im Chor, bis auf Tieger, der sich gerade ungestüm auf Alexander stürzte, kurz bevor er erkannte, wer er war.

KAPITEL 5

In welchem I-Ah (den zweiten Schritt in der SOLVE-*Methode) organisiert, Tieger und Ruh festsitzen und Pu ein neues Gesumm summt*

»Hallo, Pu!« sagte der Fremde.

»Herzlichen Glückwunsch zum Dienstag«, sagte Pu, der hoffte, daß wirklich Dienstag war, es aber nicht so genau wußte.

»Herzlichen Glückwunsch zum Dienstag!« fielen Ferkel und I-Ah und Tieger und Ruh mit ein.

Der Fremde stellte die Aktentasche ab, die er mitgebracht hatte, und blickte Pus Freunde nachdenklich an.

»Tja. Wenn ich gewußt hätte, daß ihr alle heute kommen würdet, hätte ich etwas fürs Mittagessen mitgebracht.«

Pu machte sich Sorgen, zumal er zum zweiten Frühstück nur eine Kleinigkeit gegessen hatte, bevor er seine Freunde für das Treffen mit dem Fremden zusammenrief. »Du hast doch gesagt, wir würden uns heute treffen, um das mit dem Organisieren und Definieren von Problemen zu lernen.«

»Das habe ich, und das werden wir auch. Was glaubst du, ist damit gemeint?«

»Na ja«, sagte Pu, »als Christopher Robin seine

Geburtstagsparty organisiert hat, hieß das, daß er alle eingeladen und kleine Kuchendinger mit rosa Zuckerguß besorgt hat. Deshalb habe ich, als du gesagt hast, wir würden organisieren, dafür gesorgt, daß alle kommen.«

»Aber Känga und Eule und Kaninchen konnten nicht kommen«, sagte I-Ah. »Sie werden also als einzige trocken bleiben, falls es anfängt zu regnen. Was jeden Moment der Fall sein wird.«

»Verstehe«, schmunzelte der Fremde. »Na ja, das ist zwar nicht ganz die Art von Organisieren, an die ich gedacht habe ...«

Pu machte sich jetzt noch größere Sorgen wegen der Kleinigkeit, die er brauchen würde, um bei Kräften zu bleiben.

»... aber vielleicht können wir uns ja trotzdem ein bißchen amüsieren. Ich freue mich, daß ihr alle gekommen seid, um mir zuzuhören. Es ist heute morgen ein wenig kalt, deshalb schlage ich vor, wir machen ein schönes, warmes Feuer. Wenn ihr mir rasch helft, können wir auch gleich anfangen.«

»Ich helfe! Ich helfe!« quiekte Ferkel und lief gleich los, Stöcke und Zweige für das Feuer zu suchen, während der Fremde kleinere und größere Steine für den Ring um das Lagerfeuer sammelte.

Pus Sorgen legten sich, als das Feuer prasselnd aufloderte und ihn mit wohliger Wärme umhüllte.

»Diese Art von Organisieren erscheint mir bisher

fast so wie die andere«, sagte Pu, »bis auf die kleinen Kuchendinger mit dem rosa Zuckerguß.«

»Zumindest solange es nicht anfängt zu schütten«, sagte I-Ah, der die dunklen Wolken am Himmel beäugte.

»Tieger mögen es, wenn es regnet«, sagte Tieger, der zum Himmel blickte und dabei, wie zu erwarten, ungestüm auf und ab sprang.

»Die Art von Organisieren, die ich heute erklären möchte, ist der zweite Schritt der SOLVE-Methode«, sagte der Fremde. »Ihr erinnert euch, daß wir gestern über das Selektieren, also die Auswahl, eines Problems gesprochen haben, und wir haben gesagt, daß ihr einige Probleme selbst auswählt und manchmal von ihnen ausgewählt werdet.«

»Wie, als Tieger und Ruh auf der größten Fichte festsaßen«, quiekte Ferkel.

»Ganz genau«, sagte der Fremde. Ferkel strahlte, als es daran dachte, wie es mit Pu im Wald unterwegs gewesen war …

»Sieh mal, Pu!« schrie Ferkel plötzlich. »Da ist was auf einer der Fichten.«
»Tatsächlich!« sagte Pu, der erstaunt hinaufkuckte. »Da ist ein Tier.«
Ferkel ergriff Pus Arm, falls Pu sich fürchtete.
»Ist es eins von den wilderen Tieren?« fragte es und sah in eine andere Richtung.
Pu nickte.
»Es ist ein Jagular«, sagte er.
»Was machen Jagulare?« fragte Ferkel und hoffte, sie würden es lassen.
»Sie verstecken sich im Geäst eines Baumes und lassen sich auf einen fallen, wenn man unten vorbeigeht«, sagte Pu. »Das hat mir Christopher Robin gesagt.«
»Dann sollten wir vielleicht lieber nicht unten vorbeigehen, Pu. Falls er sich fallen läßt und sich dabei verletzt.«
»Sie verletzen sich nicht«, sagte Pu. »Dazu sind sie viel zu gute Fallenlasser.«
Ferkel fand trotzdem, es wäre ein Fehler, sich unter einem sehr guten Fallenlasser aufzuhalten, und es wollte gerade nach Hause rennen, um etwas zu holen, das es vergessen hatte, als

der Jagular ihnen etwas zurief. »Hilfe! Hilfe!« rief er.
»Das machen Jagulare immer«, sagte Pu sehr interessiert. »Sie rufen ›Hilfe! Hilfe!‹, und wenn du dann zu ihnen hochkuckst, lassen sie sich auf dich fallen.«
»Ich kucke aber *hinunter*!« schrie Ferkel laut, damit der Jagular nicht aus Versehen etwas Falsches tat.
Etwas, was sehr aufgeregt war und neben dem Jagular saß, hörte Ferkels Bemerkung und quietschte:
»Pu und Ferkel! Pu und Ferkel!«
Ganz plötzlich hatte Ferkel so ein Gefühl, als wäre dies doch ein viel schönerer Tag, als es eigentlich gedacht hatte. Es war so schön warm, und die Sonne schien auch …
»Pu!« schrie es. »Ich glaube, es sind Tieger und Ruh!«
»Tatsächlich«, sagte Pu. »Ich dachte, es wäre ein Jagular und noch ein Jagular.«
»Wir können nicht runter, wir können nicht runter!« schrie Ruh […]
»Sitzen sie fest?« fragte Ferkel besorgt.
Pu nickte.

»Das Problem war also, daß sie in dem Baum festsaßen«, sagte der Fremde.

»Und daß sie keine Jagulare waren«, quietschte Ferkel, »weil Jagulare sehr gute Fallenlasser sind, denn wenn sie welche gewesen wären, hätten sie sich einfach fallen lassen können.«

»Und auf dir landen«, fügte I-Ah hinzu. Ferkel wand sich.

»Sobald wir entschieden haben, was das Problem ist«, sagte der Fremde, »in diesem Fall, daß Tieger und Ruh auf dem Baum festsaßen, ist der nächste Schritt, die verschiedenen Bestandteile des Problems zu organisieren, nachdem wir das Problem oder die Situation eingeschätzt haben, und anzufangen, sie zu definieren. Das geschieht, indem wir entscheiden, wo die Dinge jetzt sind, wo wir sie gern hätten – was unser Ziel sein könnte –, und indem wir alles beachten, das uns beim Erreichen unseres Ziels im Weg sein könnte.« Der Fremde hielt kurz inne, um mit einem langen Stock das Feuer zu schüren, bevor er fortfuhr. »Wir haben gesagt, daß Tieger und Ruh hoch oben in der größten Fichte festsaßen. Das ist eine gute Darlegung dessen, wo die Dinge waren. Als nächstes würden wir uns anschauen, wo wir sie gern hätten.«

»Auf dem Boden«, sagte Tieger, der daran denken mußte, wie der Wald von ganz hoch oben ausgesehen hatte.

»Wir könnten also sagen, daß das Ziel war, dich und Ruh wieder auf den Boden zu schaffen.«

»Aber das ist nicht alles«, sagte Pu. »Da sie keine Jagulare sind, käme Fallenlassen nicht in Frage.«

»Das stimmt genau, Pu«, sagte der Fremde. *Diese* Art von Bär, dachte Pu. »Und es ist ein Beispiel für etwas, das uns im Weg ist.«

»Wie ich«, sagte I-Ah.

»Nein, I-Ah. Etwas, das bei der befriedigenden Lösung des Problems im Weg ist. Man nennt das Erschwernis.«

»Wie bei Tieger, weil er nicht rückwärts herunterklettern kann«, fügte Ruh hinzu.

»Genau«, sagte der Fremde. »Eine Erschwernis ist also etwas, das euch daran hindert, euer Ziel zu erreichen, oder das die Lösung des Problems komplizierter macht.«

»Bienen sind Erschwernisse«, sagte Pu und rieb sich die Nase, während er daran dachte, wie kompliziert es wegen der Bienen gewesen war, Honig vom Bienenbaum zu kriegen.

»Ja«, sagte der Fremde, »ich kann mir vorstellen, daß sie für einen Bären eine besonders schmerzhafte Art von Erschwernis sein können. Erschwernisse verringern oder diktieren gemeinhin die möglichen Lösungen oder die euch zur Verfügung stehenden Möglichkeiten, euer Problem zu lösen. Als ihr zum Beispiel geplant habt, Klein Ruh zu entführen, war ein Teil eures Plans, daß Känga woanders hinkuckt. Das ist ein gutes Beispiel für eine Erschwernis. Das heißt, daß ein Plan, in dem Känga *nicht* woanders hinkuckt, nicht akzeptabel wäre und nicht funktionieren würde.«

»Und Känga *hat* woanders hingekuckt«, sagte Pu stolz, »unser Plan hat funktioniert.«

»Nicht ganz, denke ich«, sagte Ferkel, das sich an den Geschmack von Ruhs Medizin erinnerte und daran, daß es ein Ferkel von einer völlig anderen Farbe gewesen war.

»Erschwernisse sind demnach zusätzliche Hindernisse oder Herausforderungen, die man bewältigen muß, um das Problem zu lösen«, sagte der Fremde.

»Und Bienen«, sagte Pu.

»Was ist dann passiert?« fragte der Fremde weiter.

Christopher Robin und I-Ah kamen zusammen herangeschlendert.

»Es würde mich gar nicht wundern, wenn es morgen tüchtig hagelte«, sagte I-Ah gerade. »Schneestürme und was-nicht-alles. Daß heute schönes Wetter ist, hat noch gar nichts zu sagen. Es ist in-si-gni-wie-heißt-das-Wort? Also das ist es jedenfalls. Es ist nur ein kleines Stück Wetter.«

»Da ist Pu!« sagte Christopher Robin, dem es ziemlich gleichgültig war, *was* es morgen tat, solange er draußen und dabei war. »Hallo, Pu!«

»Da ist Christopher Robin«, sagte Ferkel. »*Er* wird wissen, was wir machen sollen.«
Sie rannten zu ihm.

»Ach, Christopher Robin«, begann Pu.
»Und I-Ah«, sagte I-Ah.
»Tieger und Ruh sitzen oben auf einem Ast, und jetzt können sie nicht wieder runter, und …«
»Und ich habe gerade gesagt«, fügte Ferkel hinzu, »wenn doch bloß Christopher Robin …«
»*Und* I-Ah …«
»Wenn ihr doch bloß hier wäret, dann könnten wir uns etwas einfallen lassen, was wir tun sollen.«
Christopher Robin sah zu Tieger und Ruh hinauf und versuchte, sich etwas einfallen zu lassen.

»Wenn ich mich recht entsinne«, sagte der Fremde, »hat I-Ah später beim Definieren des Problems und der Erschwernisse die Sache ausgezeichnet auf den Punkt gebracht.«

»Danke«, sagte I-Ah. »Vermutlich reines Glück, etwas anderes kann es kaum gewesen sein.«

»Nein«, sagte der Fremde. »Es war gut formuliert; du hast gesagt:

> ›*Tieger herunterschaffen* [...] und zwar so, daß *niemand zu Schaden kommt*. Halte diese beiden Gedanken fest, Ferkel, dann kann dir gar nichts passieren.‹

Und da haben wir's«, fuhr der Fremde fort. »*Tieger herunterschaffen* ist das Ziel ...«

»Und mich auch«, quietschte Ruh.

»... und dich auch, Ruh. Und zwar so, daß *niemand zu Schaden kommt*. Ein gutes Beispiel für eine Erschwernis, etwas, das in Betracht gezogen werden muß, wenn man sich mögliche Lösungen überlegt. Wir haben also jetzt eine genaue Darlegung dessen, worin das Problem bestand: Tieger und Ruh sitzen in einem Baum fest, und wir wollen sie herunterschaffen, ohne daß jemand zu Schaden kommt, und sie können nicht rückwärts herunterklettern. Der Ausgangspunkt ist der, daß Tieger und Ruh oben im Baum sind, das erwünschte Ziel ist es, sie herunterzuschaffen, und die zwei Erschwernisse bestehen darin, daß niemand zu Schaden kommen soll und daß die beiden nicht rückwärts herunterklettern können.«

»Oh!« sagte Pu plötzlich, obwohl er nicht genau wußte, warum. Er fing an, einen Gedanken zu haben, doch als Bär von sehr wenig Verstand ließen Gedanken manchmal ganz schön auf sich warten. Wie wenn er sein neues Spiel mit Stöcken auf der Brücke spielte. Die Zeit, die verging, bis man die Stöcke, die man auf der einen Seite der Brücke in den Fluß geworfen hatte, auf der anderen Seite wieder auftauchen sah, war in etwa genauso lang. Also wartete Pu und wartete auf den Gedanken und sagte immer wieder »Oh!«.

»*Oh! O!*« rief Pu.

»Was ist denn, Pu?« fragte Ferkel.

»Das O. Mir ist gerade eingefallen, wie das war, als wir alles über Management gelernt haben. Da war auch ein O drin. Es stand für ›organisieren‹.«

»Ganz genau, Pu«, sagte der Fremde. »Und das ist auch eine gute Methode, sich diesen Schritt zu merken. Wir machen nämlich hier im großen und ganzen das gleiche. Wir nehmen ein Problem, das wir ausgewählt haben …«

»Oder das uns ausgewählt hat«, berichtigte I-Ah. »Das, heißt, das sich uns aufgezwungen hat. Auch wenn wir es nicht wollten.«

»... und organisieren es so, daß wir es mühelos erfassen können. Wir fragen uns: Wo sind wir jetzt? Und: Wo wollen wir sein? Und auch: Was ist sonst noch wichtig? Wir schätzen die gegenwärtige Situation ab, beachten das Ziel, das wir erreichen möchten, und eventuelle Erschwernisse, also Dinge, die im Weg sind, während wir das Problem untersuchen.«

»Dann ist Organisieren also so was wie Sich-Vorbereiten!« sagte Ferkel. »Wie wenn man Kaninchen und seine Bekannten-und-Verwandten zum Tee eingeladen hat und nichts als Lauferei hat, um alles zu besorgen, was man braucht, damit man vorbereitet ist, wenn sie kommen, was ein schönes Stück Arbeit ist, denn es ist eine ganze Menge, auf die man sich vorbereiten muß.«

»Das ist absolut richtig, Ferkel«, sagte der Fremde. »Danke, daß du es so schön dargelegt hast.«

»Sagte ich schon, daß sie eine ganze Menge sind?« fügte Ferkel hinzu, bloß um sicherzugehen, daß er allen deutlich gemacht hatte, wie das war.

»Ja, hast du. Und wenn man ein Problem organisiert, das man ausgewählt hat ...«

»Oder das einen ausgewählt hat«, wiederholte I-Ah. »Aufgezwungen, würde ich es nennen.«

»... fällt es leichter«, fuhr der Fremde fort, »zum nächsten Schritt überzugehen – Lernen durch Erfragen sämtlicher Teile des Problems. Aber das ist ein Thema, das wir an einem anderen Tag behandeln.«

Der Fremde stand auf und legte noch mehr Holz auf das Feuer. Pu rückte ein wenig nach hinten, damit die Funken ihm nicht den Pelz versengten.

»Wißt ihr noch, wie die Geschichte weiterging, wie ihr Tieger vom Baum holen konntet, ohne daß jemand zu Schaden kam?« fragte der Fremde. »Der Grund, warum euch das gelungen ist, war der, daß ihr, ohne euch darüber im klaren zu sein, das Problem richtig organisiert habt, und dadurch habt ihr eine gute Lösung gefunden.«

»Wenn man sich nicht gerade ganz zuunterst befand«, sagte I-Ah.

»Was meinst du damit, I-Ah?« fragte der Fremde.

Und I-Ah erzählte den Rest der Geschichte.

»Ich habe ein Idee!« schrie Christopher Robin plötzlich.

»Hör genau zu, Ferkel«, sagte I-Ah, »damit du weißt, was wir vorhaben.«

»Ich werde meinen großen Kittel ausziehen, und jeder von uns hält ihn an der Ecke fest, und dann können Ruh und Tieger hineinspringen, und das wird dann ein ganz sanfter und federnder Aufprall, und niemand kommt zu Schaden.«

»Das war die Stelle, an der ich gesagt habe, was das Ziel ist«, schob I-Ah ein.

»Ja«, pflichtete der Fremde bei. »Und dann …«

Als Ruh verstanden hatte, was es tun sollte, fand es das ungeheuer aufregend, und es schrie: »Tieger, Tieger, wir springen! Kuck mal, wie ich springe, Tieger! Und wenn ich springe, dann ist das wie Fliegen. Können Tieger das auch?« Und es quietschte: »Ich komme, Christopher Robin!«, und es sprang – genau mitten in den Kittel hinein. Und das ging so schnell, und der Aufprall war so stark, daß es fast wieder dorthin zurückgefedert wurde, woher es gekommen war … Und das machte es noch längere Zeit so weiter, wobei es jedesmal »Juhuu!« schrie … Und schließlich hörte es wieder damit auf und sagte: »Oha, toll!« Und dann nahmen sie es und stellten es auf die Erde.

»Mach schon, Tieger«, rief Ruh. »Ist ganz leicht.«

Aber Tieger wollte seinen Ast nicht aufgeben, und er sagte sich: »Das mag ja alles für springende Tiere wie Kängas gut und schön sein, aber für schwimmende Tiere wie Tieger sieht die Sache schon anders aus.« Und er stellte sich vor, wie er auf dem Rücken einen Fluß hinuntertrieb oder von einer Insel zur nächsten stromerte, und er spürte, daß dies das wahre Leben für einen Tieger war.«

»Komm schon«, rief Christopher Robin. »Es ist ganz ungefährlich.«

»Sekunde noch«, sagte Tieger nervös. »Habe da ein Stückchen Rinde im Auge.« Und langsam bewegte er sich auf seinem Ast entlang.

»Mach schon, ist ganz leicht!« quietschte Ruh. Und plötzlich merkte Tieger, wie leicht es war.

»Au!« rief er, als der Baum an ihm vorüberflog.

»Obacht!« schrie Christopher Robin den anderen zu.

Es gab einen lauten Knall und einen Lärm wie von etwas, das zerfetzt wird, und auf dem Boden lag ein großer Haufen, der aus allen Beteiligten bestand.

Christopher Robin und Pu und Ferkel standen als erste wieder auf, und dann stellten sie Tieger wieder hin, und unter allen anderen lag I-Ah.

»Ach, I-Ah!« schrie Christopher Robin. »Bist du verletzt?« Und er befühlte ihn ziemlich besorgt und staubte ihn ab und half ihm auf die Beine.

I-Ah sagte längere Zeit gar nichts. Und dann sagte er: »Ist Tieger da?«

Tieger war da, und er fühlte sich schon wieder ungestüm.

»Ja«, sagte Christopher Robin. »Tieger ist da.«

»Dann kannst du dich bei ihm in meinem Namen bedanken«, sagte I-Ah.

»Ich verstehe«, sagte der Fremde, freundlich lachend. »Daran hatte ich gar nicht mehr gedacht. Tut mir leid, I-Ah. Ich hoffe, du hast dir nicht weh getan.«

»Schon gut«, sagte I-Ah. »Ich spüre es nur, wenn es Regen gibt. Was jetzt jeden Moment der Fall sein müßte.«

»Es gibt da noch einen wichtigen Aspekt«, sagte der Fremde. »Wenn wir ein Problem in Angriff nehmen, ist dieser Schritt äußerst wichtig, denn die Art, wie wir ein Problem auf der Grundlage unserer Einschätzung organisieren und definieren, bestimmt häufig die Lösung dieses Problems. Wenn wir bei der Einschätzung der Situation gesagt hätten, das Problem sei nicht, Tieger und Ruh herunterzuschaffen, sondern Pu und Ferkel und dann Christopher Robin und I-Ah auf die größte Fichte heraufzuschaffen, dann wäre es ein völlig anderes Problem gewesen.«

»Ein sehr hohes«, sagte Pu.

»Wenn wir gesagt hätten, das Problem sei, Tieger und Ruh herunterzuschaffen, aber den Teil, daß niemand zu Schaden kommen soll, weggelassen hätten ...«

»Das ist der Teil, den ich genannt habe«, sagte I-Ah.

»... dann wäre das Abenteuer vielleicht ganz anders ausgegangen«, fuhr der Fremde fort. »Wenn wir uns also an die Lösung von Problemen machen, ist es wichtig, das Problem nach genauer Einschätzung zu organisieren, und zwar indem wir den Ausgangspunkt und das erwünschte Ziel definieren. Ebenso wichtig ist es, eventuelle Erschwernisse oder Schwierigkeiten zu untersuchen, die das Problem komplizierter machen, bevor wir einen Schritt weiter gehen.«

»Besonders wenn man ein Tieger auf einem Ast ist!« warf Tieger ein.

»So, unser Gespräch hat mir Spaß gemacht, und ich hoffe, euch auch und daß ihr den zweiten Schritt der Problemlösungsmethode verstanden habt. Wenn ihr Lust habt, was über Lernen zu lernen, können wir uns gern wieder treffen.«

Eine Weile stocherte der Fremde mit seinem langen Stock in der Glut und streute dann Sand darüber, bis das Feuer vollständig aus war.

»Das hört sich doppelt so schwer an wie Lernen

an sich schon«, sagte Pu. »Und vom Lernen an sich schon kriege ich Hunger. Vielleicht könntest du ja eine Kleinigkeit zu essen mitbringen, für alle Fälle.«

»Das werde ich«, lachte der Fremde und nahm seine Aktentasche. Er ging los in Richtung von Eules Haus, und als er fast außer Sicht war, rief er: »Bis bald.«

Ruh und Tieger sprangen gemeinsam los und riefen: »Auf Wiedersehen!«, als sie sich auf den Weg zu Kängas Haus machten, um vor dem Abendessen noch in der Sandkuhle zu spielen.

»Du warst sehr gut heute, Ferkel«, sagte Pu.

»Na ja, ich bin ja auch zur Schule gegangen«, sagte Ferkel, um Pu daran zu erinnern.

»Aber jetzt habe *ich* ein Problem!« sagte Pu.

»Daß du klatschnaß wirst, wenn es gleich anfängt zu regnen?« fragte I-Ah.

»Nein, daß es zu spät für den Tee ist, aber noch etwas zu früh fürs Abendessen. Ich weiß, ich werde nicht bis zum Abendessen warten können, aber wie nennt man das, wenn man zwischendurch eine kleine Erfrischung zu sich nimmt?«

»Das ist wirklich ein Problem«, sagte Ferkel. »Tja, dann wirst du eben mit zu mir nach Hause kommen. Wir denken uns einen Namen dafür aus, während wir sie zu uns nehmen. Und du auch, I-Ah.«

»Danke, nein. Ich glaube, ich bleibe noch ein

Weilchen hier und schaue dem Regen zu. Vielleicht werde ich ja vom Blitz getroffen.«

Und so schlenderten Pu und Ferkel zu Ferkels Haus und ließen I-Ah auf der Lichtung zurück, wo er die aufziehenden Wolken beäugte. Als sie gingen, konnte I-Ah hören, wie Pu Namen dafür ausprobierte, wie man eine kleine Erfrischung nennen könnte, die als Tee zu spät und als Abendessen zu früh war.

»Tabendessen! Nein … äh … Moment … Wie wär's mit NachTee? Oder vielleicht …«

Nach einer Weile beschloß Pu, daß er die kleine Erfrischung für zwischendurch einfach Snack nennen würde, und denselben Namen könnte er auch benutzen, falls er auf das gleiche Problem stoßen würde, wenn er zwischen dem ersten und dem zweiten Frühstück eine kleine Erfrischung bräuchte, oder zwischen dem Mittagessen und dem Tee oder was auch immer. Den Rest des Weges summte er fröhlich ein neues Gesumm, über Problemlösung und all das, was der Fremde ihnen beigebracht hatte, und das ging so:

Selektieren hat was für sich,
Es benennt dir das Problem;
Wählst nicht du es, dann wählt es dich,
Letzteres ist schön bequem.

Organisieren folgt sogleich,
»Wo will ich hin? Wo fang ich an?«
Die Bienen sind recht aufschlußreich:
»Was steht im Weg, daß ich es kann?«

KAPITEL 6

In welchem Lernen durch Erfragen besprochen wird, ein unheimliches Heffalump gefangen wird und Pu feststellt, daß er ein Bär von sehr vielen Warums ist

»Da ist er!« Pu und Ferkel hatten den Fremden erspäht, der den Pfad zu der offenen Stelle entlangkam, wo sie sich gestern getroffen hatten. »Hallo. Guten Morgen!«

»Guten Morgen, Pu. Guten Morgen, Ferkel. Schön, euch zu sehen. Habt ihr Lust, mich den Rest des Weges zu begleiten?«

Sie bejahten, aber so richtig begleiteten sie ihn nicht, weil sie ständig vorausliefen oder zurückfielen oder vom Pfad abwichen, wenn sie irgend etwas Interessantes entdeckten. Kurz darauf kamen sie zu der Stelle und trafen auf Eule, die auf einem Stein hockte und sich neugierig umsah. Nicht, daß sie wirklich neugierig war, aber sie erweckte den Eindruck, denn beim Umsehen drehte sie den Kopf einmal ganz herum, was noch dazu ziemlich merkwürdig aussah, außer für jemanden, der ebenfalls imstande war, seinen Kopf so zu drehen.

»Hallo, Eule!« sagte Pu.

»Hallo, Pu«, sagte Eule.

»Guten Morgen, Eule«, sagte der Fremde. »Hast

du Tieger und Ruh gesehen? Und I-Ah? Ich dachte, sie wollten heute morgen auch kommen.«

»Sie waren da«, erwiderte Eule, »aber sie haben wasss davon gesagt, dasss sie bei Chrissstopher Robin vorbeischauen wollten, um am Flußßß zzzu spielen, wo die großßßen Steine und Felsen sind.«

»Tja, vielleicht sind sie ja bald wieder da, rechtzeitig zum Mittagessen«, sagte der Fremde, hob seinen Picknickkorb und stellte ihn auf einen Baumstumpf.

Pu blickte sehnsüchtig auf den Korb. »Ich hoffe, sie kommen sehr bald.«

»Fangen wir doch schon mal an«, sagte der Fremde, »und sie können ja einsteigen, wenn sie kommen. Also –«

»Warum?« fragte Pu, der in Wirklichkeit wissen wollte, wie lange sie würden warten müssen.

»Weil ich es besser finde, wenn wir schon mal anfangen, da wir heute viel zu besprechen haben«, erklärte der Fremde.

»Warum?« wiederholte Pu.

»Weil wir heute über den dritten Schritt der Problemlösungsmethode sprechen: Lernen durch Fragen. Und das ist ein umfangreiches Thema«, sagte der Fremde.

»Warum?« sagten Pu und Ferkel zusammen, denn Ferkel war hellhörig geworden und wollte sich beteiligen, da es sicher war, daß das Gespräch allmählich irgendwo hinführte.

Der Fremde blickte zwischen Pu und Ferkel hin und her. »Nachdem wir ein Problem ausgewählt haben – oder uns von einem haben aussuchen lassen, wie I-Ah sicherlich klargestellt hätte, wenn er da wäre – und nachdem wir ein Problem aufgrund unserer Einschätzung organisiert und definiert haben, indem wir genau festgelegt haben, was das Problem ist, wo wir anfangen, was unser Ziel ist und ob wir sonst noch etwas in Betracht ziehen sollten, wird es hilfreich sein, als nächstes möglichst viel über das Problem herauszufinden.«

»Warum?« Diesmal stimmte Eule mit Pu und Ferkel ein.

»Wie ich sehe, seid ihr mir schon etwas voraus«, lachte der Fremde. Pu blickte über seine Schulter und dachte, wenn sie dem Fremden voraus waren, müßte er doch eigentlich hinter ihnen sein, aber er sah nur das Heidekraut und die Stechginsterbüsche am Rande der Lichtung.

»Das ist eine sehr gute Frage«, sagte der Fremde weiter. »Sogar eine der besten. Der Grund, warum wir in dieser Phase des Prozesses Fragen stellen, ist der, daß wir die einzelnen Fakten des Problems klären oder einen Teil von dem, was bereits bekannt ist, auf seine Richtigkeit hin überprüfen wollen. Des weiteren können wir durch Fragen Dinge herausfinden, von denen wir noch gar nichts wissen, oder wir können vorhandene Wissenslücken füllen. Wir stellen außerdem Fragen, um die relative Wichtigkeit verschiedener Elemente einzuschätzen.«

»Was sind ›Elemente‹?« flüsterte Pu Ferkel zu.

»Ich glaube, das ist eine besondere Art von Heffalump«, antwortete Ferkel. »Sie sind grau und haben lange Stoßzähne.«

»Größßßer und wilder alsss dein normalesss Heffalump«, fügte Eule hinzu, »und vor allem in nasssserren Gegenden mit stärkeren Niederschlägen vorkommend.«

»Warum?« fragte Pu wieder, stolz auf seine Entschlossenheit, den Sachen auf den Grund zu gehen.

»Weil die nassssseren Bedingungen zu einer größßßeren Vielfalt in Flora und Fauna führen, wasss wiederum für die Umwelt eine größßßere –«

»Nein. Warum wollen wir solche Sachen wissen?« sagte Pu, der ohnehin nur die ersten zwei Worte von Eule verstanden hatte und jetzt anfing, nach Tieger und Ruh und I-Ah Ausschau zu halten, da er von dem ganzen Gerede langsam ganz schön hungrig wurde.

»Aus verschiedenen Gründen«, erwiderte der Fremde. »Wir bestätigen Tatsachen oder prüfen die Richtigkeit dessen, was wir bereits wissen, um sicherzugehen, daß wir, als wir das Problem bestimmt haben, es auch wirklich richtig bestimmt haben. Schließlich helfen Fragen zur Einschätzung der relativen Wichtigkeit von verschiedenen Ele … äh … Teilen des Problems, unsere Aufmerksamkeit auf die Teile zu richten, die überhaupt dafür verantwortlich sind, daß wir ein Problem haben.«

»Die Problemteile!« quietschte Ferkel.

»Richtig«, sagte der Fremde. »Ferkel, hast du vielleicht Lust, uns von deiner Begegnung mit einem Heffalump zu erzählen? Wenn ich die Geschichte richtig in Erinnerung habe, ist sie ein gutes Beispiel für das, worüber wir gerade reden.«

Und so stand Ferkel auf, genau wie es das bei Christopher Robin in der Schule gesehen hatte, wenn er seine Hausaufgaben vortrug, und fing an zu erzählen. »Also, eines Tages sagte Pu zu mir …«

»Ferkel, ich habe etwas beschlossen.«

»Was hast du beschlossen, Pu?«

»Ich habe beschlossen, ein Heffalump zu fangen.«

Pu nickte mehrmals mit dem Kopf, als er dies sagte, und wartete darauf, daß Ferkel »Wie?« sagte oder »Aber Pu, das kannst du doch nicht machen!« oder sonst etwas Hilfreiches, aber Ferkel sagte nichts. Das lag daran, daß Ferkel sich wünschte, es wäre selbst zuerst darauf gekommen.

»Ich werde es tun«, sagte Pu, nachdem er noch etwas länger gewartet hatte, »und zwar mit Hilfe einer Falle, und es muß eine listige Falle sein; deshalb wirst du mir helfen müssen, Ferkel.«

»Pu«, sagte Ferkel, dem es jetzt wieder richtig gutging, »ich werde dir helfen.« Und dann sagte es: »Wie werden wir es machen?«, und Pu sagte: »Das ist es nämlich. Wie?« Und dann setzten sie sich zusammen hin, um es sich auszudenken. Pus erste Idee war, daß sie eine sehr tiefe Grube graben sollten, und dann würde das Heffalump kommen und in die Grube fallen, und …

»Warum?« sagte Ferkel.
»Warum was?« sagte Pu.
»Warum würde es hineinfallen?«
Pu rieb sich die Nase mit der Pfote und sagte, das Heffalump könnte vielleicht vorbeikommen, ein kleines Lied summen, den Himmel betrachten und sich fragen, ob es wohl regnen würde, und deshalb würde es die sehr tiefe Grube nicht sehen, bis es zur Hälfte hineingefallen sei, aber das wäre dann schon zu spät.
Ferkel sagte, das sei eine sehr gute Falle, aber angenommen, es regne bereits?
Pu rieb sich wieder die Nase und sagte, daran habe er nicht gedacht. Und dann besserte sich seine Laune, und er sagte, daß das Heffalump, falls es bereits regne, den Himmel betrachten und sich fragen würde, ob es wohl bald wieder *aufklaren* würde, weshalb es die sehr tiefe Grube nicht sehen würde, bis es zur Hälfte hineingefallen wäre ... Und dann wäre es schon zu spät.
Ferkel sagte, jetzt, da dieser Punkt geklärt sei, finde es, die Falle sei sehr listig.

»Da seht ihr's«, sagte der Fremde, »Ferkel hat das mit seinen Fragen sehr gut gemacht.« Ferkel hörte auf, dort, wo es saß, herumzuzappeln, und strahlte die anderen stolz an. »Als Pu beschloß, ein Heffalump zu fangen – das war das Selektieren des zu lösenden Problems. Und Pus Erklärung, daß er es mit Hilfe einer listigen Falle fangen würde, war das Ergebnis seiner – auf seiner Einschätzung des Wesens von Heffalumps beruhenden – Organisierung und Definition des Problems, Heffalumps zu fangen. Ferkels Fragen, warum das Heffalump in die Falle fallen würde, und auch, was passieren könnte, wenn es bereits regnete, sind ebenfalls gute Fragen. Sie sind für die genaue Erschließung des Problems hilfreich und füllen die Verständnislücken bezüglich Heffalumps und listigen Fallen.«

»Das habe ich in der Schule gelernt«, quietschte Ferkel.

»Ach, wirklich?« erwiderte der Fremde. »Erzähl mir von deinen Schulbesuchen.«

»Christopher Robin hat mich mitgenommen. Er hat mich in seine Tasche gesteckt«, sagte Ferkel und hielt inne, um sicherzugehen, daß alle zuhörten. »In der Schule ging es nämlich meistens um Fragen.«

»Schulische Bildung benutzzzt häufig ein interrogativesss oder sokratischesss Forum zur Verbreitung oder Vermittlung intellektueller oder pragmatischer Gelehrsamkeit«, sagte Eule.

Pu verstand die Worte »Bildung«, denn das war etwas, das er nicht hatte, »häufig«, denn das meinte, wie oft er Hunger bekam, wie jetzt im Augenblick, und »oder« und »von«; aber der Rest von dem, was

Eule gesagt hatte, konfusierte ihn nur. Und er war viel leichter zu konfusieren, wenn er hungrig war, sagte er sich. Er blickte sich noch einmal um, in der Hoffnung, daß Tieger und Ruh und I-Ah jeden Moment zurückkommen würden.

»Ja«, stimmte Ferkel Eule zu, obwohl es eigentlich nicht mehr von Eules Worten verstanden hatte als Pu. »Und wenn es in der Schule meistens um Fragen ging, dann ging es den Rest der Zeit um Antworten.«

Der Fremde bemerkte, daß Pu nicht bei der Sache war, und konnte sich denken, warum er nervös herumrutschte und sich umsah. »Bevor wir weitermachen, sollten wir einen Happen essen. Ich wollte eigentlich auf die anderen warten, aber sie werden wohl bald kommen, und es ist genug da, also fangen wir schon mal ohne sie an.«

Pu war überglücklich und erwies sich als äußerst hilfreich für den Fremden, denn er packte den Picknickkorb aus und vergewisserte sich bei allem, was er herausnahm, ganz genau, worum es sich handelte.

»Das Interessante an Fragen«, fuhr der Fremde fort, als alle genüßlich aßen, »ist vor allem, daß die Antworten auf Fragen es mitunter erforderlich machen, weitere Fragen zu stellen.«

»Wie wenn man Honig und Kondensmilch ißt«, sagte Pu klebrig, während er sich vergewisserte, daß der Honig, den der Fremde mitgebracht hatte, auch wirklich bis ganz unten Honig war und kein honigfarbener Käse, wie der, von dem sein Onkel mal gesprochen hatte, »und er nicht richtig rauskommt und man etwas mehr Milch trinken muß, um den Honig auszugleichen, und dann noch etwas mehr Honig essen muß, weil man jetzt nicht genug hat.«

»Genau«, fuhr der Fremde fort. »Wenn man durch Fragenstellen soviel wie möglich über ein Problem herausfindet, versteht man sämtliche Aspekte des Problems leichter, was wichtig sein wird, wenn wir anschließend über das Visualisieren möglicher Lösungen sprechen. So weit, so gut ... wie ging die Geschichte weiter?«

»Ich weiß es, ich weiß es!« quietschte Ferkel. Es sprang auf und ab und beruhigte sich schließlich wieder so weit, daß es weitererzählen konnte. »Es war, direkt nachdem ich gesagt hatte, ich fände, es sei eine sehr listige Falle.«

Pu war sehr stolz, als er das hörte, und er hatte das Gefühl, das Heffalump sei schon so gut wie gefangen, aber es gab noch etwas, worüber nachgedacht werden mußte, und das war dieses: *Wo sollten sie die sehr tiefe Grube graben?* Ferkel sagte, der beste Platz sei irgendwo, wo ein Heffalump war, bevor es hineinfiel, nur etwa dreißig Zentimeter weiter vorne.

»Aber dann würde es uns sehen, wenn wir die Grube graben«, sagte Pu.

»Nicht, wenn es den Himmel betrachtet.«

»Es würde Verdacht schöpfen«, sagte Pu, »wenn es zufällig nach unten sieht.« Er dachte lange nach und fügte traurig hinzu: »Es ist nicht so leicht, wie ich dachte. Ich vermute, daran liegt es auch, daß Heffalumps kaum jemals gefangen werden.«

»Daran muß es liegen«, sagte Ferkel.

Sie seufzten und standen auf, und als sie sich ein paar Stechginsterstacheln herausgezogen hatten, setzten sie sich wieder, und die ganze Zeit sagte Pu zu sich selbst: »Wenn ich mir nur etwas *ausdenken* könnte!« Denn er hatte das sichere Gefühl, daß ein sehr scharfer Verstand ein Heffalump fangen könnte, wenn er nur wüßte, wie er dabei vorgehen sollte.

»Angenommen«, sagte er zu Ferkel, »*du* willst *mich* fangen, wie würdest du das machen?«

»Tja«, sagte Ferkel, »ich würde es so machen: Ich würde eine Falle bauen, und ich würde einen Topf Honig in die Falle stellen, und du

würdest den Honig riechen, und du würdest in die Falle gehen, und ...«

»Und ich würde in die Falle gehen«, sagte Pu aufgeregt, »nur natürlich sehr vorsichtig, um mich nicht zu verletzen, und ich würde den Honigtopf nehmen und zuallererst einmal um den Rand herum lecken und so tun, als gäbe es nun keinen Honig mehr, verstehst du, und dann würde ich weggehen und ein bißchen darüber nachdenken, und dann würde ich zurückkommen und in der Mitte des Topfes lecken, und dann ...«

»Ja, schon gut. Da wärest du dann also, und da würde ich dich dann auch fangen. Jetzt müssen wir als erstes *dar*über nachdenken: Was mögen Heffalumps? Eicheln, würde ich meinen; was meinst du? Wir werden uns eine Menge ... Pu, wach doch mal auf!«

Pu, der in einen frohen Traum versunken war, wachte verdutzt auf und meinte, daß Ferkel mit ihm sprach und nicht bloß die Geschichte weitererzählte.

»Ihr seht also«, sagte der Fremde, »sowohl Pu als auch Ferkel stellen Fragen, um mehr darüber herauszufinden, wie sie vorgehen sollen, um das Heffalump in die Falle zu locken.«

»Wie viele Fragen gibt es?« fragte Pu.

»Dasss issst eine unerhebliche Frage, Pu«, sagte Eule. »Du hättessst bessssser aufpasssssen sollen.«

»Nein, Moment mal, Eule«, sagte der Fremde. »Es gibt keine schlechten Fragen. Oder dumme, nicht mal welche, die zu einfach oder albern sind. Das ist sehr wichtig. *Jede* Frage muß ernsthaft betrachtet werden, ganz gleich, wie simpel oder albern sie ist. Häufig sind die einfachsten Fragen die besten, weil sie Themen ansprechen, die für ein bestimmtes Problem besonders grundlegend oder bedeutungsvoll sind.«

Diese Art von Bär, dachte Pu.

»Ich möchte dir ein Beispiel geben«, fuhr der Fremde fort. »Sagen wir, du bist Geschäftsfrau.«

»Du bist Geschäftsfrau«, wiederholten Pu und Ferkel. Eule starrte sie an.

»Vielleicht findest du es albern, dich selbst zu fragen ›In welcher Branche bin ich?‹, da du dir bestimmt denkst, daß du ja wohl wissen mußt, in welcher Branche du bist. Du würdest sagen ›Das ist albern! Ich bin in der Verlagsbranche‹ oder ›Ich bin in der Versicherungsbranche‹ oder in welcher Branche auch immer. Aber wenn du dich selbst fragen und eingehender darüber nachdenken würdest, was du genau machst und für wen und wie du deine Arbeit wirklich erledigst, könntest du durchaus überraschende Antworten finden.

Du denkst *vielleicht*, du bist in der Buchverlagsbranche, aber in Wirklichkeit bist du in der Informationsmanagementbranche, was bedeutet, daß du noch andere Produkte herstellen könntest: Datenbanken, Tonbänder, Multimedia-CD-ROMs oder CDs. Oder wenn du in der Versicherungsbranche bist, stellst du vielleicht fest, daß du eigentlich anderen Leuten bei der Finanzplanung hilfst und als Investor und in der Planung von Häusern tätig bist.«

»Wenn ich ein Haus planen würde«, warf Ferkel ein, »dann ein ganz großes, mit vielen Zimmern und einem großen Pool im Garten.«

»Und einer Bibliothek und einem Arbeitsssszzzimmer«, sagte Eule.

»Und *zwei* Vorratsschränken!« sagte Pu.

»Indem du also Fragen stellst«, fuhr der Fremde fort, »selbst scheinbar simple oder grundlegende, kannst du sehr viel über das erfahren, was du untersuchst, was immer es auch ist. Außerdem gibt es eigentlich nur sechs verschiedene Arten von Fragen. Kennst du die sechs Ws?«

»Ich kenne nur fünf«, sagte Eule, »dasss war vor vielen Jahren eine weltberühmte Familie von Hochsssseilakrobaten. Ich glaube, ihr Name war Wallenda.«

»Eigentlich«, sagte der Fremde, »habe ich an die sechs W-Fragen gedacht: Warum? Was? Wo? Wann? Wer? und Wie? – das sind die sechs verschiedenen Arten von Fragen.«

»Wer?« sagte Eule.

»Genau«, sagte der Fremde. »Wenn wir diese sechs verschiedenen Arten von Fragen auf die verschiedenen Teile unseres Problems anwenden, können wir ohne weiteres einen ganzen Fragenkatalog erstellen, der uns hilft, die Antworten zu finden, um das Problem genauer zu verstehen.«

»Wer? Was? Wann? Warum? Wie? Wo?« quietschte Ferkel, das die sechs verschiedenen Arten von Fragen ausprobierte und fand, daß sie schön klangen.

»Ja, das sind alle«, sagte der Fremde, »aber es ist wichtig, daß man sie auch in der richtigen Reihenfolge anwendet.«

»Sie haben eine Reihenfolge?« fragte Pu und dachte, daß das wichtig sein mußte, weshalb er sich die größte Mühe geben wollte, sie sich zu merken.

»Ja«, sagte der Fremde, »die Reihenfolge ist sehr wichtig. Die erste Frage, die ihr im Zusammenhang mit dem Problem stellt, das ihr lösen wollt, lautet: Warum soll ich das Problem lösen? Der Grund, warum ihr diese Frage zuerst stellt, ist der, daß ihr, wenn euch kein guter Grund einfällt, das Problem vielleicht gar nicht zu lösen braucht!«

»Solche Probleme mag ich«, sagte Pu.

»Die zweite Frage«, sagte der Fremde weiter, »lautet: Was? Wie in: Was genau ist das Problem, das ich lösen will? Im letzten Schritt, als es darum ging, das Problem auf der Grundlage unserer Einschätzung zu organisieren und es dann zu definieren, haben wir die aktuelle Situation, das erwünschte Ziel und eventuelle Erschwernisse bestimmt. Jetzt fragen wir uns Was?, um uns auf das spezifische Wesen des Problems zu konzentrieren. Wenn wir diese Frage beantworten können, hilft es uns, das Problem besser zu verstehen und bessere Lösungen zu erarbeiten. Aber das ist nicht alles. Denn wenn wir auf Was? und alle folgenden Fragen eine Antwort finden, dann fragen wir noch einmal Warum?, und das Warum? bringt uns dazu, die Antworten, die wir erhalten, noch eingehender unter die Lupe zu nehmen.«

»Die genaue Reihenfolge«, sagte Eule, »issst also: Warum? Und dann: Wasss? Warum? Wo? Warum? Wann? Warum? Wer? Warum? und Wie? Warum?«

»Sehr gut, Eule«, sagte der Fremde.

Pu hatte das Gefühl, etwas verpaßt zu haben. Er

konnte sich an die sechs Ws erinnern, aber jetzt waren da überall noch jede Menge zusätzliche Warums, und davon kriegte er langsam Hunger. »Dann … ist es also gut … wenn man ganz viel … Warum? fragt?«

»Allerdings. Wenn man jedesmal Warum? fragt, nachdem man die anderen W-Fragen beantwortet hat, versucht man, die Gründe für die Antworten zu erkunden und das Problem besser zu verstehen. Machen wir das rasch an einem Beispiel deutlich. Sagen wir … äh, mal angenommen, du bist –«

»Hungrig!« sagte Pu.

»Gut«, sagte der Fremde. »Das Problem ist also, daß du hungrig bist. Wir haben gesagt, die erste Frage, die du stellen solltest, ist Warum?, wie in: Warum solltest du dieses Problem lösen?«

»Na, weil ich lieber satt wäre«, sagte Pu.

»Die zweite Frage«, fuhr der Fremde fort, ist Was?, vielleicht: Was möchtest du gern essen?«

»Honig!« sagte Pu verträumt.

»Und nachdem wir auf eine unserer W-Fragen eine Antwort erhalten haben, fragen wir Warum? – Pu, warum möchtest du Honig essen?«

»Tja«, sagte Pu bedächtig, »ich … glaube …, weil … ähm. Ich weiß nicht, warum. Vielleicht wäre etwas Kuchen ja auch ganz schön, oder sogar etwas Kondensmilch.«

»Wir wissen jetzt also«, sagte der Fremde, »daß du

deinen Hunger gern mit Honig stillen würdest, aber auch mit Kuchen oder Kondensmilch zufrieden wärst.«

Pus Magen fing an zu knurren. »Kriegt man vom Problemlösen immer solchen Hunger?«

»Nicht immer«, sagte der Fremde. »Die Reihenfolge der Fragen soll uns also zuerst an die wichtigsten Aspekte heranführen.« Der Fremde nahm einen Stock und schrieb so, daß alle es sehen konnten, in den Sand:

Warum sollte das Problem gelöst werden?

Was ist das Problem?	Warum ist es ein Problem?
Wo tritt das Problem auf?	Warum tritt es dort auf?
Wann tritt das Problem auf?	Warum tritt es dann auf?
Wer ist an dem Problem beteiligt?	Warum ist derjenige beteiligt?
Wie tritt das Problem auf?	Warum tritt es so auf?

»Aber du hast noch immer nicht erklärt, warum«, sagte Ferkel.

»Warum was?« fragte der Fremde.

»Warum *die* besondere Reihenfolge?«

»Du hast recht, Ferkel«, sagte der Fremde. »Tut mir leid. Die besondere Reihenfolge hat folgenden Grund: Die Fragen sind so angeordnet, daß wir Genaueres über die Dinge erfahren, die sich zuerst mit dem geringsten Aufwand an Mühe und Kosten verändern lassen. Zu verändern, *wo* etwas geschieht, ist im allgemeinen weniger aufwendig, weniger schwierig und weniger teuer, als die Art und Weise zu verändern, *wie* etwas geschieht. Wenn wir also unser Problem auf der Grundlage einer früheren Frage lösen können, ist das oftmals weniger mühselig und kostspielig.

»Ich habe immer Schwierigkeiten mit den ›Wies‹«, sagte Pu.

»In unserer Geschichte«, sagte der Fremde, »fragt Pu sich, *Wo* er die sehr tiefe Grube graben soll, und er fragt Ferkel, *Wie* es Pu fangen würde. Das sind zwei gute Beispiele für Fragen, die ihnen bei der Lösung des Problems helfen, ein Heffalump zu fangen.«

»Aber keine große Hilfe, wenn man erst mal eins gefangen hat«, sagte Pu.

»Na, hören wir uns doch mal an«, sagte der Fremde, »wie die Geschichte ausgeht.«

> »Honig«, sagte Ferkel nachdenklich vor sich hin, als wäre es jetzt beschlossene Sache. »*Ich* werde die Grube graben, während *du* nach Hause gehst und den Honig holst.«

»In Ordnung«, sagte Pu und stapfte davon. Sobald er zu Hause angekommen war, ging er zum Kühlschrank, und er stellte sich auf einen Stuhl und holte einen sehr großen Honigtopf vom obersten Brett. Auf dem Topf stand HONICH, aber nur um ganz sicherzu-

gehen, entfernte er den Deckel aus Papier und sah genau hin, und es *sah* genauso aus wie Honig. »Aber man kann ja nie wissen«, sagte Pu. [...] Also steckte er seine Zunge hinein und leckte einmal kräftig. »Ja«, sagte er, »es ist Honig. Gar kein Zweifel. [...] Und er stieß einen tiefen Seufzer aus. »Ich *hatte* recht. Es *ist* Honig, bis ganz unten.«

Nachdem er sich davon überzeugt hatte, trug

er den Topf zu Ferkel, und Ferkel sah vom Grunde seiner sehr tiefen Grube herauf und sagte: »Hast du ihn?«, und Pu sagte: »Ja, aber es ist kein ganz voller Topf«, und er warf ihn zu Ferkel hinunter, und Ferkel sagte: »Nein, das ist er nicht! Ist das alles, was du übriggelassen hast?«, und Pu sagte: »Ja.« [...]
»Dann gute Nacht, Pu«, sagte Ferkel, als sie zu Pus Wohnung kamen. »Und wir treffen uns morgen früh um sechs bei den Tannen und sehen, wie viele Heffalumps wir in unserer Falle haben.« [...]
»Gute Nacht!« [...]

Nach und nach wachte Ferkel auf. Sobald es wach war, sagte es: »Ach!« Dann sagte es tapfer: »Ja«, und dann, noch tapferer: »Aber genau.« Aber es fühlte sich nicht sehr tapfer, denn das Wort, das ihm eigentlich im Hirn herumhüpfte, war »Heffalumps«.
Wie war ein Heffalump?
War es wild?
Kam es, wenn man pfiff? Und *wie* kam es?
Konnte es Schweine überhaupt ausstehen?
Wenn es Schweine ausstehen konnte, war es dann wichtig, *welche Sorte Schwein* man war?
Angenommen, es benahm sich Schweinen gegenüber wild, war es dann wichtig, *wenn*

das Schwein einen Großvater namens BETRETEN VICTOR hatte?
Ferkel wußte auf keine dieser Fragen eine Antwort ... Und in etwa einer Stunde sollte es sein erstes Heffalump zu sehen bekommen! Dann wäre natürlich Pu dabei, und bei zwei Personen wäre es bestimmt viel freundlicher. Aber angenommen, das Heffalump benahm sich Schweinen *und* Bären gegenüber sehr wild? Wäre es dann nicht besser, Ferkel würde so tun, als hätte es Kopfschmerzen, weshalb es heute morgen nicht zu den Sechs Tannen gehen könnte? [...] Was sollte es tun?
Und dann hatte Ferkel eine schlaue Idee. Es wollte ganz leise zu den Sechs Tannen gehen, einen ganz vorsichtigen, kurzen Blick in die Falle werfen und sehen, *ob* dort ein Heffalump war. Und wenn eins da war, wollte es zurück ins Bett, und wenn keins da war, wollte es nicht zurück ins Bett.
So brach Ferkel auf. Zuerst dachte es, daß kein Heffalump in der Falle war, und dann dachte es, daß eins drin war, und als es näher kam, war es *sicher*, daß eins drin war, denn es konnte hören, wie in der Grube ganz heftig geheffalumpt wurde.
»Owei, owei, owei!« sagte sich Ferkel. Und es wollte wegrennen. Aber irgendwie, nachdem

es jetzt dem Ziel so nahe war, fand es, daß es nun auch mal nachsehen mußte, wie ein Heffalump aussah. Also kroch es an den Rand der Falle und schaute hinein …

»Wir sehen also«, unterbrach der Fremde die Geschichte, als sie gerade interessant wurde, »daß Ferkel wegen des Heffalumps sehr gute Fragen stellt. Und es denkt sich sogar einen sehr schlauen Plan aus, um die Antworten darauf zu finden, während es gleichzeitig sehr tapfer ist.«

»Ich glaube, wenn ich ein paar Antworten gefunden hätte«, sagte Ferkel, »wäre ich erst gar nicht zu der sehr tiefen Grube gegangen.«

»Und das ist auch ein guter Gesichtspunkt«, sagte der Fremde. »Manchmal können es die Antworten auf die Fragen, die ihr wegen eines Problems stellt, erforderlich machen, daß ihr einen Schritt zurückgeht und noch einmal die Darlegung des Problems oder das Ziel überprüft oder gar zusätzliche Erschwernisse hinzufügt. Häufig kann es nützlich sein, zwischen den verschiedenen Schritten der Problemlösungsmethode vor- und zurückzugehen, um euch zu vergewissern, daß eure Vermutungen noch immer zutreffen. Das nennt man Iteration, was soviel heißt wie etwas wiederholen.«

Pu hatte nicht richtig aufgepaßt und nur den letzten Teil halb mitbekommen, so daß er dachte, der

Fremde hätte was von »Essen holen« gesagt, was ihm im Augenblick durchaus einleuchtete. In den Büschen auf einer Seite der Lichtung begann es ungestüm zu rascheln, und hervor sprang Tieger mit Ruh, das sich fest an seinen Rücken klammerte.

»Juhuu!« quietschte Ruh.

»Au!« heulte Tieger und hörte kurz auf zu springen, um sich ein paar Stacheln aus dem Fell zu ziehen.

»Guten Morgen, Tieger! Guten Morgen, Ruh!« sagte der Fremde. »Ihr kommt gerade richtig zum Mittagessen. Wir behandeln den dritten Schritt der Problemlösungsmethode, Lernen durch Fragenstellen.«

»Zum Beispiel: ›Wann möchtest du deinen Honig, jetzt oder später?‹ und ›Wie möchtest du bitte die Kondensmilch reichen?‹« sagte Pu.

»Na ja, nicht ganz so«, sagte der Fremde, »aber ich sehe, du versuchst, dein Hungerproblem zu lösen, ich glaube, ich kann dir dabei helfen.« Er reichte Pu einen Topf Honig, den er mitgebracht hatte, und fing an, den anderen den Rest des Mittagessens zu servieren. »Also, wenn ihr euch erinnert, war Ferkel zu der Heffalump-Falle gegangen und hatte hineingesehen …«

Und die ganze Zeit hatte Winnie-der-Pu versucht, den Honigtopf von seinem Kopf zu entfernen. Je mehr er daran rüttelte, desto fester saß er. *»So ein Mist!«* sagte er im Topf und *»Hilfe!«* und meistens *»Au!«*. Und er versuchte, ihn gegen Sachen zu schmettern, aber da er nicht sehen konnte, wogegen er ihn schmetterte, half ihm das nichts, und er versuchte, aus der Falle zu klettern, aber da er nichts außer Topf sehen konnte, und auch davon nicht viel, fand er nicht die richtige Richtung. Deshalb hob er zum Schluß den Kopf, mit Topf und allem Drum und Dran, und stieß einen lauten Ton der Trauer und Verzweiflung aus ... Und genau in diesem Moment kuckte Ferkel in die Grube.

»Hilfe, Hilfe!« schrie Ferkel. »Ein Heffalump, ein unheimliches Heffalump!« Und es hoppelte davon, so schnell es konnte, und es schrie immer noch: »Hilfe, Hilfe, ein unheffliches Heimalump! Heim, heim, ein heffunliches Hilfalump! Heff, heff, ein lumphäßliches Limpfahump!« Und es hörte nicht auf zu schreien und zu hoppeln, bis es Christopher Robins Wohnung erreicht hatte.

»Was ist denn bloß los, Ferkel?« sagte Christopher Robin, der gerade aufstand.

»Heff«, sagte Ferkel und atmete so schwer, daß es kaum sprechen konnte, »ein Heff – ein Heff – ein Heffalump.«

»Wo?«
»Da hinten«, sagte Ferkel und wedelte mit der Pfote.
»Wie hat es ausgesehen?«
»Wie ... Wie ... Es hatte den größten Kopf, den du je gesehen hast, Christopher Robin. Ein riesengroßes Ding, wie ... Wie nichts. Ein wahnsinnsgroßes ... Tja, wie ein ... Ich weiß nicht ... Wie ein wahnsinnsriesengroßes Garnichts. Wie ein Topf.«
»Dann«, sagte Christopher Robin und zog sich die Schuhe an, »werde ich mal hingehen und es mir ankucken. Komm mit.«
Ferkel hatte keine Angst, wenn Christopher Robin dabei war, und die beiden gingen los ...
»Ich kann es schon hören, kannst du es auch hören?« sagte Ferkel besorgt, als sie näher kamen.
»*Irgend*was kann ich hören«, sagte Christopher Robin. Es war Pu, der seinen Kopf gegen eine Baumwurzel schmetterte, die er gefunden hatte.
»Da!« sagte Ferkel. »Ist es nicht *gräßlich*?« Und es klammerte sich ganz fest an Christopher Robins Hand.
Plötzlich fing Christopher Robin an zu lachen ... Und er lachte ... und lachte ... und lachte.

»Ich glaube, ich kriege Kopfschmerzen«, sagte Ferkel, das daran dachte, wie dumm es sich vorgekommen war, als das unheimliche Heffalump sich als Pu entpuppte.

»Es muß dir nicht peinlich sein, Ferkel«, sagte der Fremde. »Es ist kein Wunder, daß du Pu mit einem unheimlichen Heffalump verwechselt hast, als er da unten in der Heffalump-Falle herumheulte, mit einem Topf auf dem Kopf.«

»Obwohl doch jedermann weißßß«, sagte Eule, »daßßß Heffalumpsss Wandertiere und Pflanzzzenfresssssser sind und normalerweise in unserem Wald nur im Frühjahr vorkommen.«

Pu wußte das nicht und sagte deshalb, um das Thema zu wechseln: »Christopher Robin hat in der Geschichte wichtige Fragen gestellt, nicht wahr?«

»Ja«, sagte der Fremde. »Als Ferkel ihn mit dem Problem konfrontierte, ein Heffalump gefunden zu haben …«

»Oder etwas, das *aussah* wie ein Heffalump«, sagte Ferkel.

»… hat Christopher Robin sofort Wo? und Was? gefragt, um Näheres zu erfahren. Ihr seht also, Fragen zu stellen ist ein sehr gutes Mittel, Dinge in Erfahrung zu bringen, Fakten zu bestätigen und das Problem, mit dem ihr es gerade zu tun habt, einzuschätzen. Die sechs verschiedenen Arten von Fragen helfen euch dabei: Warum? Was? Wo? Wann? Wer?

und Wie? Denkt daran, daß die Reihenfolge der Fragen wichtig ist und daß wir, sobald wir eine Antwort auf die jeweiligen Fragen gefunden haben, jedesmal Warum? fragen, damit wir die Gründe verstehen können, die hinter den Antworten stecken. Wenn wir die Fragen gestellt haben, müßten wir sehr viel mehr wissen als am Anfang und allmählich eine Vorstellung davon haben, wie wir das Problem lösen können. Und das wird unser nächster Schritt sein – das Visualisieren möglicher Lösungen, die Auswahl und die Verbesserung einer Lösung.

Und merkt euch schließlich noch eins: Die Fragen, die ihr im Zusammenhang mit einem Problem stellt, können Antworten ergeben, die euch veranlassen, nicht nur eure Darlegung des Problems noch einmal zu überdenken, sondern auch eure gesteckten Ziele oder die zusätzlichen Erschwernisse.«

»Was manchmal Bienen sind«, sagte Pu.

»Ach, Bär!« sagte der Fremde liebevoll.

KAPITEL 7

In welchem das Visualisieren möglicher Lösungen praktiziert wird, eine Aktentasche gerettet wird und Pu zwei weitere Strophen dichtet

Pu und Ferkel gingen im Wald spazieren, als sie den Fremden trafen, der, die Hände in die Hüften gestemmt, am Rand einer sehr tiefen Grube stand und hinunter auf deren Grund starrte.

»Hallo!« sagten Pu und Ferkel gleichzeitig.

»Was machst du da?« fragte Pu.

»Ich versuche, mögliche Lösungen zu visualisieren«, sagte der Fremde.

»Ich sehe nichts«, sagte Pu und schaute in die Grube, um sich zu vergewissern.

»Ich meine, ich versuche, mir Lösungen für ein kleines Problem zu überlegen, das ich habe«, sagte der Fremde. »Als ich gerade hier den Pfad langging, bin ich gestolpert und hingefallen, und dabei ist meine Aktentasche in diese sehr tiefe Grube gefallen, die jemand hier gegraben hat.«

»Ein Problem!« quietschte Ferkel. »Oh! Oh! Ein richtiges Problem.«

Pu versuchte rasch, sich an die fünf Schritte der Problemlösungsmethode zu erinnern, von denen der Fremde ihnen erzählt hatte. Er wollte unbedingt behilflich sein. »Hast du … äh … das Problem eingeschätzt, um es zu organisieren?«

Der Fremde hörte auf, in die schwarze Grube zu blicken, und begriff, daß Pu die Problemlösungsmethode auszuprobieren versuchte, die er gelernt hatte. »Sehr gut, Pu. Aber ja, und ich werde dir sagen, zu welchem Ergebnis ich bislang gekommen bin. Vielleicht kannst du mir ja helfen, das Problem zu lösen, wo du schon mal da bist. Wie ich schon gesagt habe, bin ich hier langgegangen und gestolpert und gestürzt, und meine Aktentasche ist in die Grube gefallen. Sobald das Problem mich ausgewählt hatte, wie I-Ah sicherlich sagen würde, habe ich die Situation wie folgt eingeschätzt: Ich bin am Rand der Grube, ich möchte meine Aktentasche

wiederhaben, und von hier oben bis auf den Grund der Grube ist es ein sehr tiefer Sturz, was verhindert, daß ich meine Aktentasche wiederbekomme.«

»Wenn du ein Jagular wärst, wäre es überhaupt nicht schwer«, sagte Ferkel. »Jagulare sind sehr gute Fallenlasser.«

»Und jetzt stellen wir Fragen, nicht?« sagte Pu. Pu versuchte, sich an die richtige Reihenfolge zu erinnern. »Warum! Ja, genau, Warum?«

»Gut«, sagte der Fremde. »Weil ich gern meine Aktentasche wiederhätte, da sind nämlich viele wichtige Sachen drin.«

Pu wußte, die nächste Frage sollte eine Was-Frage sein.

»Was ... hast du in der Aktentasche gehabt?« fragte Pu.

»Pu, ich freue mich, daß du noch weißt, daß man als nächstes eine Was-Frage stellen soll, aber ich denke, wir sollten eher fragen ›Was ist das Wesen des Problems?‹ oder ›Was hindert uns daran, die Aktentasche wiederzubekommen?‹«

»Was hindert uns denn daran, die Aktentasche wiederzubekommen?« sagte Pu.

»Na ja«, sagte der Fremde, »die Grube ist sehr tief, und ich kann die Aktentasche nicht sehen, und selbst wenn ich sie sehen könnte, könnte ich wohl kaum hineingreifen und sie rausholen.«

Pu war bereit. »Warum?« fragte er.

»Na, weil die Grube so tief ist oder meine Arme so kurz sind oder beides«, sagte der Fremde.

Pu überlegte, ob er Wo? fragen sollte, aber er war sicher, daß die Antwort Hier! lautete, und er wollte schon Wann? oder Wer? fragen, aber er war genauso sicher, daß die Antworten darauf Jetzt! und Wir! waren, also dachte er angestrengt nach und fragte Wie? – »Wie genau bist du hingefallen?«

»Ich bin den Pfad hier entlanggegangen«, sagte der Fremde, »und ich habe mir, glaube ich, die Blumen da angesehen, als ich plötzlich gestolpert und an dieser Stelle ungefähr nach vorn gefallen bin.«

»Und die Aktentasche war futsch?« fragte Ferkel.

»Futschikato«, sagte der Fremde. »Und dann bin ich aufgestanden und habe gesucht, und da wußte ich, daß ich ein Problem habe. Ich habe angefangen, die einzelnen Schritte der Problemlösungsmethode durchzugehen, und als ihr gekommen seid, war ich genauso weit, wie wir jetzt sind. Was in gewisser Weise gut ist, da ich ohnehin mit euch über den nächsten Schritt der Methode sprechen wollte – das Visualisieren möglicher Lösungen, die Auswahl und Verbesserung einer Lösung. Ich schlage daher vor, wir setzen uns und fangen an; vielleicht können wir ja mein Problem lösen, während wir den nächsten Schritt behandeln. Dann würden wir zwei Fliegen mit einer Klappe schlagen – das heißt, falls wir das Problem lösen.«

»Ich finde es aber immer noch wichtig zu wissen, *was* in der Aktentasche ist«, sagte Pu.

»Wenn du meinst, daß es hilft«, sagte der Fremde, »ich habe darin alle meine Notizen für das Buch, das ich schreibe, meinen Laptop und ein paar andere Papiere und Sachen.«

Pu war enttäuscht, daß der Fremde nichts Leckeres zu essen in seiner Aktentasche hatte. »Bist du sicher, daß nicht noch mehr drin ist?« fragte er, und der Fremde nickte.

»Also«, sagte der Fremde, »wir haben die ersten drei Schritte unserer Problemlösungsmethode wiederholt. Der nächste, das Visualisieren möglicher Lösungen, macht, wie ich finde, am meisten Spaß. Wir werden sehen, daß Kreativität und Erfahrung uns dabei behilflich sein können, Lösungen zu finden, wie wir ein Problem, je nachdem, wie es beschaffen ist, auf verschiedene Weise anpacken können. Wir werden sogar ein paar nützliche Techniken kennenlernen, mit deren Hilfe uns auch dann Lösungen einfallen, wenn uns zunächst keine einzige einfallen wollte. Natürlich werden wir die Lösungen, sobald uns ein paar eingefallen sind, überprüfen und die beste auswählen müssen, und dann müssen wir unsere beste Lösung noch ein wenig ausfeilen, um ihre Erfolgschancen zu verbessern.«

»Das hört sich nach einem ganz schönen Stück Arbeit an«, sagte Pu, »... vor dem Mittagessen.«

»Dann sollten wir sofort anfangen«, sagte der Fremde. »Und zwar am besten mit Kreativität und Erfahrung, zwei Dinge, die beim Lösen von Problemen sehr nützlich sind. Manche sagen, daß Kreativität etwas ist, das man entweder hat oder nicht hat. Aber ich habe herausgefunden, daß Kreativität eigentlich eine Art und Weise darstellt, wie man ist und wie man Dinge vorurteilsfrei betrachtet, und daß man sie lernen und verbessern kann. Und Erfahrung ist lediglich, daß man sich erinnert, wie man Probleme in der Vergangenheit gelöst hat, und dabei nicht vergißt, was funktioniert und was nicht funktioniert hat. Das möchte ich an einem Beispiel erklären. Erinnert ihr euch an den stürmischen Tag, als Eules Haus umgeweht wurde, mit euch beiden und Eule drin?«

> »Na!« sagte Eule. »Dasss sind ja schöne Zzzustände!«
> »Was sollen wir tun, Pu? Kannst du dir irgendwas einfallen lassen?« fragte Ferkel. [...] Eule hüstelte irgendwie unbewundernd und sagte, sie alle könnten jetzt vielleicht [...] in ihren Köpfen das Problem bewegen, wie man dieser Gefahr entrinnen könnte.
> »Denn«, sagte Eule, »wir können nicht zzzu dem hinausss, wasss einssst die Haussstür war. Esss issst etwasss draufgefallen.«

»Aber wie kann man denn *sonst* hinaus?« fragte Ferkel besorgt.

»Dasss issst dasss Problem, Ferkel, welchesss in seinem Kopf zzzu bewegen ich Pu freundlichsst ersuche.«

Pu saß auf dem Fußboden, der einst eine Wand gewesen war, und starrte an die Zimmerdecke, die einst ebenfalls eine Wand gewesen war, eine Wand mit einer Haustür, die einst eine Haustür gewesen war, und er versuchte, dies in seinem Kopf zu bewegen.

»Könntest du mit Ferkel auf dem Rücken zum Briefkasten hinauffliegen?« fragte er.

»Nein«, sagte Ferkel schnell. »Könnte sie nicht.«
Eule erläuterte die Sache mit der erforderlichen Rückenmuskulatur. Sie hatte das Pu und Christopher Robin schon einmal erklärt und seitdem auf eine Gelegenheit gewartet, es wieder zu erklären, denn es ist dies eine Sache, die man ganz leicht zweimal erklären kann, bevor irgend jemand weiß, wovon die Rede ist.
»Denn, weißt du, Eule, wenn wir Ferkel in den Briefkasten kriegen könnten, könnte es sich durch den Briefschlitz quetschen und den Baum hinunterklettern und Hilfe holen.«
Ferkel sagte eilig, es sei in letzter Zeit größer geworden und könne *beim besten Willen* nicht, so leid es ihm tue, und Eule sagte, sie habe ihren Briefkasten in letzter Zeit vergrößern lassen, für den Fall, daß sie größere Briefe bekäme, und deshalb könne Ferkel ja *vielleicht*, und Ferkel sagte: »Aber du sagtest doch, die erforderliche Du-weißt-schon-was könnte *nicht*«, und Eule sagte: »Nein, dasss kann sie nicht; dessshalb brauchen wir keinen weiteren Gedanken darauf zzzu verschwenden«, und Ferkel sagte: »Dann sollten wir über etwas anderes nachdenken«, womit es sofort begann.
Aber Pus Gedanken waren zu jenem Tag

zurückgeschweift, als er Ferkel vor der Überschwemmung gerettet hatte und ihn alle so bewundert hatten; und da das nicht oft geschah, fand er, es könnte gern mal wieder geschehen. Und ganz plötzlich, genau wie schon einmal, kam ihm eine Idee in den Sinn.

»Eule«, sagte Pu, »mir ist etwas eingefallen.«

»Du bissst ein autarker und hilfreicher Bär«, sagte Eule.

Pu war stolz, weil er ein starker und hilfreicher Bär genannt worden war, und sagte bescheiden, es sei ihm nur so ganz zufällig eingefallen. Man band ein Stück Schnur an Ferkel fest, und man flog zum Briefkasten hinauf, mit dem anderen Ende der Schnur im Schnabel, und man zog die Schnur durch den Draht des Briefkastens und flog damit wieder zum Fußboden zurück, und man selbst und Pu zogen heftig an diesem Ende, und Ferkel hob sich langsam am anderen Ende. Und das war es dann auch schon.

»Und dann issst Ferkel auch schon an seinem Bestimmungsssort«, sagte Eule. »Fallsss die Schnur nicht reißßßt.«

»Und wenn sie doch reißt?« fragte Ferkel mit echtem Interesse.

»Dann versuchen wir esss mit einer anderen Schnur.«

Dies war natürlich nicht sehr tröstlich für Ferkel, denn mit wie vielen Schnüren sie es auch hochzuziehen versuchten – es war immer dasselbe Ferkel, das herunterfiel; aber immerhin, es schien das einzige, was man tun konnte. So warf es im Geiste einen letzten Blick auf all die frohen Stunden, die es im Wald verbracht hatte, *ohne* an einer Schnur zur Zimmerdecke gezogen zu werden, nickte Pu tapfer zu und sagte, es sei ein sehr kack-kack-kack-kluger Papp-Papp-Plan.

»Du siehst also, Pu«, sagte der Fremde, »daß du kreativ warst, als du die Idee hattest, Eule mit Ferkel auf dem Rücken zum Briefkasten hochfliegen zu lassen.«

»Aber das haben wir dann doch gar nicht gemacht«, stellte Ferkel klar.

»Stimmt«, sagte der Fremde. »Aber Kreativität hilft auch insofern, als eine Idee dich auf die nächste bringt, was dir auf viele mögliche Lösungen für dein Problem eröffnet. Aus diesen kannst du dann die beste auswählen. Je mehr Lösungen du hast, desto größer sind deine Erfolgschancen.«

»Aber was ist mit deinem Problem?« sagte Ferkel.

»Wir könnten Ferkel in die Grube schicken, damit es die Aktentasche sucht und zu uns raufwirft«, sagte Pu.

»Das ist eine ganz schlechte Idee!« quiekte Ferkel.

»Moment mal, Ferkel«, sagte der Fremde. »Für Kreativität gilt unter anderem, daß sie etwas sehr Zartes ist, und es gibt nichts Schlimmeres für Kreativität, als zu sagen, daß eine Idee nicht funktioniert oder schlecht ist.«

»Ich meinte doch bloß ... äh, daß ...«, stammelte Ferkel, »daß die Grube sehr tief ist, und ich weiß nicht, wie ihr mich da reinschicken wollt, und selbst wenn es klappen würde und ich die Aktentasche finden würde, weiß ich nicht, ob ich sie zu euch hochwerfen könnte, und selbst wenn ich es könnte, wäre ich noch immer in der sehr tiefen Grube und würde mich wahrscheinlich ziemlich genauso fühlen, wie sich die Aktentasche jetzt fühlt, die ja nicht weiß, wie oder ob sie wieder rauskommt.«

»Das sind alles sehr gute Argumente«, sagte der Fremde, »und wenn wir später Ideen auswählen und sie verfeinern, werden wir das in Betracht ziehen, aber während wir uns Ideen überlegen, ist es wichtig, sie nicht vorschnell abzutun, sonst fallen schon bald niemandem mehr welche ein.«

»Wir sollten Pu in die Grube schicken, damit *er* die Aktentasche sucht und zu uns raufwirft!« rief Ferkel.

»Ja!« sagte Pu, der zwar daran dachte, daß er nachsehen könnte, ob den Sachen in der Aktentasche auch nichts passiert war, bevor er die Tasche rettete, und ob der Fremde nicht vielleicht vergessen hatte, daß er doch einen kleinen Happen eingepackt hatte, der aber überhaupt nicht daran dachte, wie er wieder rauskommen würde.

»Kreativität hilft uns also, mögliche Lösungen zu visualisieren, indem sie uns in die Lage versetzt, uns viele mögliche Lösungen auszudenken, aus denen wir dann eine Auswahl treffen, und wir müssen uns vor allen Dingen merken, daß es nicht erlaubt ist, Ideen zu kritisieren. Jede Idee ist deshalb nützlich, weil sie eine von vielen Ideen ist oder weil sie uns auf eine andere Idee bringt, die wir vielleicht nicht gehabt hätten, wenn wir die erste Idee nicht gehört hätten. Und Erfahrung hilft uns, indem wir andere ähnliche Probleme heranziehen können, von denen wir gehört haben oder die wir in der Vergangenheit gelöst haben. Ein weiterer Vorteil von Erfahrung ist, daß sie uns in die Lage versetzt, Lösungen zu erkennen, die funktionieren, und solche, die nicht funktionieren, weil wir selbst oder weil andere früher schon einmal versucht haben, ein ähnliches Problem zu lösen.«

»Genau wie in Eules Haus, als Pu einfiel, wie er mich vor der Überschwemmung gerettet hat«, sagte Ferkel.

»Stimmt genau«, sagte der Fremde. »Pu hat sich erinnert, wie er in der Vergangenheit ein schwieriges Problem gelöst hatte, und das gab ihm das Selbstvertrauen, sich eine Lösung einfallen zu lassen, als ihr in Eules Haus festsaßt.«

»Oder als Tieger und Ruh auf einem Baum festsaßen und ich mir überlegt habe, wie wir sie retten können«, sagte Ferkel und erinnerte sie daran, wie das genau gewesen war:

> »*Ich* dachte«, sagte Ferkel ernst, »daß, wenn I-Ah unten am Baum stünde und wenn Pu auf I-Ahs Rücken stünde und wenn ich auf Pus Schultern stünde …«
>
> »Und wenn I-Ahs Rückgrat plötzlich bräche, dann hätten wir alle was zu lachen. Haha! Sehr amüsant auf eine stille Weise«, sagte I-Ah, »aber keine große Hilfe.«
>
> »Tja«, sagte Ferkel sanft, »*ich* dachte …«
>
> »Würde es dir das Rückgrat brechen, I-Ah?« fragte Pu erstaunt.
>
> »Das wäre ja gerade das Interessante, Pu. Man weiß es vorher nicht genau.«

»Pu sagte: »Oh!«, und alle fingen wieder an zu denken.

»Aber wir haben die Idee nicht verwendet, um Tieger und Ruh zu retten«, sagte Ferkel traurig, »obwohl ich wirklich glaube, daß sie funktioniert hätte.«

»Aber jede Idee ist wichtig«, sagte der Fremde, »weil sie uns zu der nächsten Idee führt, auch wenn sie das Problem selbst nicht löst.«

»Was machen wir denn nun mit deinem Problem?« fragte Pu.

»Was meinst du denn?«

»Tja«, sagte Pu, der jetzt ganz angestrengt über die Aktentasche tief unten in der Grube nachdachte. »Wir könnten Eule holen, damit sie in die Grube hineinfliegt, die Aktentasche sucht und mit ihr hinausfliegt.«

»Sehr gut, Pu!« sagte der Fremde.

»Glaubst du wirklich, das funktioniert?« fragte Pu.

»Vielleicht«, sagte der Fremde, »aber wichtig ist, daß wir uns noch mehr Ideen einfallen lassen, und vergeßt nicht, je mehr Ideen wir zur Auswahl haben, desto besser stehen unsere Chancen, eine erfolgreiche zu finden.«

»Vielleicht sollten wir das machen, was wir schon einmal gemacht haben«, sagte Ferkel.

»Was meinst du?« fragte der Fremde.

»Schnurtheorie«, sagte Ferkel und wußte, sobald es das ausgesprochen hatte, daß es vertraut und gut klang.

»Ist das was Wissenschaftliches?« fragte der Fremde.

»Nein, wir rufen Eule, und sie soll dann mit dem Ende einer Schnur im Schnabel hinab in die Grube fliegen, das Ende der Schnur durch den Griff stecken und es wieder hochbringen, genau wie wir es in Eules Haus gemacht haben. Dann können wir die Aktentasche von hier aus hochziehen.«

»Das ist sehr gut, Ferkel«, sagte der Fremde. »Außerdem hast du damit sehr schön auf deine Erfahrung zurückgegriffen.« Und Ferkel war sehr stolz.

»Doch bevor wir eine Lösung auswählen«, sagte der Fremde, »wollen wir kurz darüber sprechen, wie nützlich es ist, verschiedene Probleme auf verschiedene Weise anzugehen. Es gibt viele unterschiedliche Methoden, um potentielle Lösungen für Probleme zu finden. Die numerische Methode, das heißt, die Verwendung von Zahlen, würde sich für Probleme eignen, die mit Mengen von Dingen zu tun haben. Die graphische Methode eignet sich vielleicht für Probleme, bei denen Zeichnungen und Bilder die Problemlösung vereinfachen, zum Beispiel die Verwendung von Karten, um einen Weg zu finden. Auch die Analogie kann ein wirkungsvolles Mittel sein, um Lösungen zu entwickeln. Dabei vergleicht man das Problem, für das man eine Lösung sucht, mit einem ähnlichen Geschehen oder Ereignis, dessen Lösung man bereits kennt. Das bringt einen dann auf eine mögliche Lösung für das eigene Problem. Bei der intuitiven Methode benutzt man seinen gesunden Menschen- oder Tierverstand, um durch Abwägen von Für und Wider die Lösung für ein bestimmtes Problem zu finden.«

»Und woher weiß man, welche Methode man anwenden soll?« fragte Pu.

»Das verrät dir häufig das Problem selbst«, sagte der Fremde.

»Ich höre nichts«, sagte Pu, beugte sich über den Rand der Grube und lauschte aufmerksam.

»Vielleicht hätte ich noch sagen sollen, daß du deine Erfahrung mit anderen Problemen und deinen gesunden Tierverstand als Hilfe heranziehen solltest«, sagte der Fremde.

»Aber es gibt so viele Probleme«, sagte Pu,» und da finde ich mit meinem gesunden Bärenverstand doch bestimmt keine Lösung für die anderen Tiere, die keine Bären sind.«

»Ein guter Einwand«, sagte der Fremde. »Aber wir werden dir helfen zu lernen, wie du deine ganz persönliche Lösung finden kannst.«

»Das gefällt mir.«

»Jedenfalls leuchtet euch doch bestimmt ein, daß es schwierig wäre, die numerische Methode anzuwenden, wenn euer Problem darin besteht, den richtigen Weg zu finden, weil ihr euch verlaufen habt. Diese Methode würde euch bestimmt nicht viele Lösungen anbieten, aus denen ihr auswählen könnt. Ob ihr die richtige Methode anwendet, erkennt ihr mitunter daran, daß sie gute mögliche Lösungen und viele anbietet.«

»Aber was ist, wenn einem gar nichts einfällt?« fragte Ferkel.

»Für den Fall«, sagte der Fremde, »gibt es tatsächlich ein paar Möglichkeiten, die einen auf Ideen bringen, und sie machen sogar Spaß, weil sie eine Art Spiel sind.«

»Juhu!« quiekte Ferkel, sprang auf und ab und rannte herum und wäre fast in die sehr tiefe Grube gefallen. »Bring's mir bei! Ich möchte spielen!«

»Genaugenommen, Ferkel, bin ich sicher, daß du es schon kannst«, sagte der Fremde. »Weißt du noch, wie du vorhin gesagt hast, wenn du ein Jagular wärst, könntest du einfach in die Grube springen, weil Jagulare sehr gute Fallenlasser sind?«

»Ja, aber da hab ich doch nur so getan, als ob«, sagte Ferkel.

»Eben, bei diesem Teil der Problemlösung geht es darum, so zu tun, als ob«, sagte der Fremde. »Um auf mehr Ideen für mögliche Lösungen zu kommen, tun wir so, als ob ein Teil des Problems anders wäre, als er in Wirklichkeit ist. Seht her.« Und der Fremde nahm einen Stock, weil sein Laptop in der Aktentasche unten in der Grube war, und schrieb in den Sand:

Mach es größer
Mach es kleiner
Füge etwas hinzu
Nimm etwas weg
Tausche zwei Teile aus
Entferne etwas
Ersetze etwas durch etwas anderes
Verbinde zwei Elemente
Freie Assoziation

»Das Spiel geht so, daß wir das Problem nehmen, das wir haben«, fuhr der Fremde fort, »und so tun, als ob es ein wenig anders wäre. Tun wir zum Beispiel mal so, als ob die Aktentasche größer wäre. Viel größer. Größer als ein Haus!«

»Aber dann bräuchtest du einen Kran, um sie aus der Grube zu kriegen!« sagte Pu, der sich vorstellte, wie groß so eine Aktentasche sein müßte.

»Perfekt!« rief der Fremde. »Genauso geht das Spiel! Also, eine Möglichkeit, die Tasche wiederzubekommen, wäre, einen Kran zu benutzen. Da unsere Aktentasche aber in Wirklichkeit nicht so groß ist wie ein Haus, könnte der Kran, den *wir* bräuch-

ten, sehr viel kleiner sein. Aber wenn wir das Spiel nicht spielen würden, wären wir vielleicht gar nicht darauf gekommen, einen Kran zu benutzen.«

»Und wie genau hilft uns das?« fragte Pu.

»Das funktioniert folgendermaßen«, sagte der Fremde. »Wenn wir das Problem so verändern, daß wir einen Teil von ihm beispielsweise größer oder kleiner machen oder die anderen Dinge anwenden, die wir erwähnt haben, dann hilft uns das, das Problem in einem ganz anderen Licht zu sehen. Wir können dann die Beziehung der verschiedenen Teile des Problems zueinander auf neue Weise untersuchen. Und häufig gelangen wir so zu neuen Ideen, wie wir das Problem eventuell lösen könnten.«

»Kommt, wir spielen weiter«, quietschte Ferkel, und das taten sie. Sie stellten sich vor, sie wären kleiner, so klein wie Klein, und könnten einfach an der Wand der Grube hinabgehen. Sie stellten sich vor, Wasser in die Grube laufen zu lassen, bis die Aktentasche hinausschwamm. Sie stellten sich vor, in der Aktentasche wäre ein Krug Honig (das war Pus Idee, weil er meinte, es könnte ihm beim Nachdenken helfen). Und sie spielten weiter, bis sie alle verschiedenen Möglichkeiten, auf neue Ideen zu kommen, ausprobiert hatten, und sogar ein paar, die sie sich selbst ausgedacht hatten. Der Fremde hatte nichts auszusetzen, weil es, wie er sagte, nicht gegen die Regeln verstieß, die es gar nicht gab (außer der einen, daß man nicht negativ sein durfte). Das Spiel funktionierte tatsächlich. Nach kurzer Zeit hatten sie so viele Ideen, wie sie die Aktentasche wiederbekommen könnten, daß sie sie kaum behalten konnten und der Fremde sie in den Sand schreiben mußte, damit sie sie nicht vergaßen.

»Das hat Spaß gemacht«, sagte Ferkel.

»Ist aber ganz schön anstrengend«, sagte Pu, »und macht hungrig.«

»Dann sollten wir mit der Lösung des Problems fortfahren, wie wir die Aktentasche wiederbekommen«, sagte der Fremde. »Als nächstes werden wir die verschiedenen Ideen, die wir gesammelt haben, überprüfen und die auswählen, die uns am besten erscheint, sie genauer durchdenken, überlegen, ob wir sie noch verbessern können, und sie dann an-

wenden!« Und so sprachen sie die verschiedenen Ideen ausführlich durch. Pu fand die Idee mit dem Kran gut, obwohl er nicht wußte, wo sie einen Kran herbekommen könnten. Ferkel wollte die Grube mit Wasser füllen, bis die Aktentasche herausschwamm, während der Fremde die Schnurtheorie für interessant hielt. Schließlich wendeten sie alle drei an.

Ferkel lief los und kam mit einem Stück Schnur zurück, das es irgendwo gefunden hatte, und der Fremde suchte an der Grube nach einem langen Stock von genau der richtigen Sorte und nach einem weiteren kurzen Stock, der aussah wie ein V.

Pu ging immerzu um die Grube herum, blickte in das schwarze Loch und lauschte, ob das Problem ihm irgendwas sagen wollte und wo es sein könnte, bis er die Aktentasche entdeckte.

»Aha!« sagte Pu. »Da ist sie ja! Genau, wo ich gedacht habe, daß sie sein müßte.«

Ihre Ideen zusammen – Pus Idee mit dem Kran, Ferkels Idee, die Grube mit Wasser zu füllen, und die Schnurtheorie – erinnerten sie alle an Angeln. Nach kurzer Konfusierung, ob und was für einen Köder eine Aktentasche wohl mögen würde, machten sie sich daran, ihre Angel zu basteln. Pu brach von dem langen Stock, den der Fremde gefunden hatte, die Zweige ab, Ferkel band die Schnur an einen Schenkel des V-förmigen Stockes, während der Fremde das andere Ende der Schnur an die Spitze des langen Stockes knüpfte.

Doch sosehr sie es auch versuchten, es gelang ihnen einfach nicht, die Aktentasche an den Holzhaken zu bekommen. Er glitt jedesmal über die Aktentasche hinweg, ohne sie zu fassen zu kriegen.

»Warum funktioniert das nicht?« fragte Ferkel.

»Ja«, sagte Pu. »Wir haben alles genau richtig gemacht und müßten eigentlich schon auf dem Weg zum Mittagessen sein, und statt dessen sind wir noch immer hier oben an der Grube, und die Aktentasche ist noch immer unten in der Grube und …«

»Und was wir daraus lernen können«, sagte der Fremde, »ist, daß es manchmal, obwohl wir all die verschiedenen Schritte der Problemlösungsmethode richtig ausgeführt haben, einfach nicht funktioniert, wenn wir schließlich unsere Lösung ausprobieren. Natürlich ist das ein Thema für sich, über das wir sprechen werden, wenn wir uns das nächste Mal sehen: der letzte Schritt der Problemlösungsmethode – Erprobung der Lösung und Überprüfung der Ergebnisse. Wir werden sehen, daß Lösungen manchmal ein wenig abgeändert werden müssen, wenn sie gut funktionieren sollen.«

»Aber was machen wir denn jetzt?« sagte Ferkel.

»Vielleicht sollten wir die Schnur an Ferkel festbinden«, sagte Pu, »und es in die Grube runterlassen; dann könnte es den Haken am Aktentaschengriff festmachen, und wir könnten die Aktentasche und Ferkel wieder rausziehen.«

»Gute Idee, Pu!« sagte der Fremde.

»U-u-und wenn die Sch-Sch-Schnur reißt?« sagte Ferkel.

»Auch das ist ein guter Gedanke, Ferkel«, sagte der Fremde. »Es ist wichtig, sämtliche möglichen Folgen einer Idee zu bedenken. Dabei fällt mir die Geschichte ein, als I-Ah bei eurem Pu-Stöcke-Spiel mitgemacht hat. Erinnert ihr euch?«

> Nun spielten eines Tages Pu und Ferkel und Kaninchen und Ruh zusammen Pu-Stöcke. Sie hatten ihre Stöcke ins Wasser geworfen, als Kaninchen »Los!« sagte, woraufhin sie alle auf die andere Seite der Brücke rannten, und nun beugten sie sich über den Rand und warteten, wessen Stock als erster hervorkommen würde. Aber das Kommen dauerte seine Zeit, denn der Fluß war an jenem Tag sehr faul, und es schien ihn kaum zu kümmern, ob er überhaupt jemals ankam. [...]
>
> »Ich kann deinen sehen, Ferkel«, sagte Pu plötzlich.
>
> »Meiner ist eher grau«, sagte Ferkel, welches

nicht wagte, sich zu weit vornüber zu lehnen, weil es dabei ins Wasser fallen könnte.

»Ja, den kann ich sehen. Er kommt auf meiner Seite durch.« [...]

»Er kommt!« sagte Pu.

»Bist du *sicher*, daß er meiner ist?« quiekte Ferkel aufgeregt.

»Ja, weil er grau ist. Ein großer grauer. Da kommt er! Ein sehr ... großer ... grauer ... Oh! Nein, er ist es nicht, es ist I-Ah.«

Und I-Ah kam angetrieben.

»I-Ah!« schrien alle.

I-Ah kam unter der Brücke hervor und sah, mit den Beinen in der Luft, sehr gelassen und sehr würdevoll aus. [...]

»Ich wußte nicht, daß du da unten spielst«, sagte Ruh.

»Ich spiele nicht«, sagte I-Ah.
»I-Ah, was *machst* du denn da?« sagte Kaninchen.
»Dreimal darfst du raten, Kaninchen. Grabe ich Löcher ins Erdreich? Falsch. Befinde ich mich auf einer jungen Eiche und springe von Ast zu Ast? Falsch. Warte ich darauf, daß mir jemand aus dem Fluß hilft? Richtig. Man muß Kaninchen nur Zeit lassen, dann kommt es immer auf die richtige Antwort.«
»Aber I-Ah«, sagte Pu bekümmert, »was können wir ... Ich meine, wie sollen wir ... Meinst du, wenn wir ...«
»Ja«, sagte I-Ah. »Eine dieser Möglichkeiten wäre genau das richtige. Danke, Pu.« [...]
Es war einen Augenblick lang still, während alle nachdachten. »Ich habe so eine Art Idee«, sagte Pu schließlich, »aber ich nehme nicht an, daß es eine sehr gute ist.«
»Das nehme ich auch nicht an«, sagte I-Ah.
»Fahre fort, Pu«, sagte Kaninchen. »Frisch von der Leber weg.«
»Tja, wenn wir alle auf der *einen* Seite von I-Ah Steine und so was in den Fluß schmeißen, dann machen die Steine Wellen, und die Wellen spülen ihn auf die andere Seite.«
»Das ist eine sehr gute Idee«, sagte Kaninchen, und Pu sah wieder fröhlich aus.

»Hervorragend«, sagte I-Ah. »Wenn ich gespült werden will, Pu, sage ich dir Bescheid.«
»Und falls wir ihn aus Versehen treffen?« fragte Ferkel besorgt.
»Oder falls ihr ihn aus Versehen nicht trefft«, sagte I-Ah. »Ihr müßt alle Möglichkeiten bedenken, Ferkel, bevor ihr euch einen schönen Tag machen könnt.«

»Und genau das ist der springende Punkt, Ferkel«, sagte der Fremde. »Wir sollten alle Möglichkeiten bedenken, bevor wir etwas ausprobieren.«

Und so probierten sie es aus, Ferkel an die Schnur zu binden, und probierten es aus, Ferkel nur ein kurzes Stück in die Luft zu heben und es wieder abzusetzen, um zu sehen, ob die Schnur hielt, und sie tat es. Dann mußte Ferkel einen großen Stein festhalten, der, wie der Fremde sagte, in etwa das Gewicht der Aktentasche hatte, und die Schnur hielt noch immer, obwohl Ferkel nach wie vor ein ungutes Gefühl hatte, weil es in die Grube hinabgelassen werden sollte. Es war nicht ganz sicher, ob Pu auch genau nachgesehen hatte, ob in letzter Zeit nicht vielleicht doch irgendwelche Heffalumps in die Grube gefallen waren.

Aber Ferkel blieb tapfer, und Pu und der Fremde ließen es vorsichtig bis ganz unten in die Grube hinab, und Ferkel befestigte den Haken an der Aktentasche, stellte sich oben drauf und wurde wieder hochgezogen und sachte auf dem Boden abgesetzt.

»Hurra!« riefen sie.

»Wir haben es gelöst! Wir haben es gelöst!« rief Ferkel, band sich los und lief im Kreis herum.

Sie beglückwünschten einander und gingen weiter zu einer kleinen Lichtung am Fluß, wo sie sich auf Steine setzten, und der Fremde sah in seiner Aktentasche nach, ob beim Sturz in die Grube auch wirklich nichts herausgefallen war.

Pu blickte dem Fremden über die Schulter, in der Hoffnung, daß eine vergessene Leckerei in der Tasche war, aber dem war nicht so.

»Heute«, begann der Fremde, »haben wir also das Visualisieren möglicher Lösungen gelernt, den vierten Schritt der Problemlösungsmethode. Wir haben gesehen, daß Kreativität und Erfahrung hilfreich sind, wenn wir uns mögliche Lösungen für unsere Probleme überlegen, und daß wir verschiedene Methoden anwenden können, je nach Art des Problems, das wir lösen wollen.«

»Das Spiel! Wir haben das Spiel gespielt!« sagte Ferkel.

»Das stimmt«, sagte der Fremde. »Wir haben ein Spiel gespielt, um auf mehr Ideen zu kommen, wie wir unser Problem lösen können.« Er nahm seinen Laptop aus der Aktentasche und zeigte Pu und Ferkel die verschiedenen So-tun-als-ob-Möglichkei-

ten, um ein Problem von verschiedenen Seiten zu beleuchten:

»Wir haben darüber gesprochen, wie wir Probleme kritisch betrachten und auswählen«, fuhr der Fremde fort, »und wir haben erörtert, wie wir die Lösung, für die wir uns entschieden haben, weiter verfeinern, damit unsere Erfolgschancen noch besser werden. Und obwohl wir noch nicht über den letzten Schritt der Problemlösungsmethode gesprochen haben – Erproben der Lösung und Überprüfen der Ergebnisse –, hatten wir vorhin Gelegenheit, alles auszuprobieren, worüber wir gesprochen haben, um meine Aktentasche aus der sehr tiefen Grube zu bergen. Ich danke euch beiden für eure Hilfe.«

Pu und Ferkel platzten beinahe vor Stolz.

Der Fremde fragte, ob sie nicht Lust hätten, sich am Dienstag wieder mit ihm zu treffen, und zwar an den sechs hohen Bäumen; sie könnten zusammen zu Mittag essen und über das Erproben und Überprüfen von Lösungen sprechen. Dann verabschiedete er sich und ging.

Pu und Ferkel spielten noch ein paar Runden Pu-Stöcke – Pu gewann mit dreiundzwanzig zu neunzehn – und gingen dann zu Ferkel nach Hause. Pu, der vom knappen Ausgang des Pu-Stöcke-Spiels und der ganzen Aufregung einen Bärenhunger bekommen hatte, nahm aber nur einen winzigkleinen Happen zu sich, um es bis zu sich nach Hause aushalten zu können, und machte sich dann sogleich auf den Weg. Und während er so vor sich hinstapfte, fing er an, sein Problemlösungslied zu summen, und dachte sich noch zwei neue Strophen aus. Jetzt ging das Lied so:

Selektieren hat was für sich,
Es benennt dir das Problem;
Wählst nicht du es, dann wählt es dich,
Letzteres ist schön bequem.

Organisieren folgt sogleich,
»Wo will ich hin? Wo fang ich an?«
Die Bienen sind recht aufschlußreich:
»Was steht im Weg, daß ich es kann?«

Lern das Fragenstellverfahren,
Doch halt die Reihenfolge ein,
Mit Warum und Was nicht sparen,
Dann Wo, Wann, Wer, Wie hinterdrein.

(Nach jeder Frage frag Warum.)

Vi-su-ali-siere dir
Gar viele Lösungsmöglichkeiten,
Sonst wird, das garantier ich dir,
Dich dein Problem noch lang begleiten.

KAPITEL 8

In welchem Erproben (der letzte und wichtigste Schritt der SOLVE-Methode) verfestigt wird und ein paar andere Dinge wegschwimmen

»Oh nein!« rief Ferkel.

»Oh nein!« rief Pu.

Sie sahen, wie der Picknickkorb des Fremden träge vom Flußufer wegtrieb.

»Pu, du hast den Korb in den Fluß gestoßen!« quiekte Ferkel.

»Hab ich nicht! Er ist reingefallen«, sagte Pu. »Ich wollte bloß mal nachsehen, was drin ist, und da ist er reingefallen.«

»Schnell, Pu«, sagte der Fremde, »was ist das Problem?«

»Das Problem ist, daß ich sehe, wie unser Mittagessen flußabwärts treibt und immer tiefer sinkt!«

»So, Pu«, sagte der Fremde, »das ist deine Chance, richtig kreativ ein Problem zu lösen, ganz zu schweigen davon, unser Mittagessen zu retten und uns davor zu bewahren, hungrig nach Hause zu gehen. Schnell! Was machen wir zuerst?«

Pu starrte sehnsüchtig auf den Korb, der sich leicht drehte und jetzt etwas schneller mit der Strömung trieb. »So ein Mist! Das Problem hat uns ausgewählt! Ich wollte nur reinkucken, nicht um was herauszunehmen, wohlgemerkt, sondern bloß, um nachzusehen, ob noch genug für später drin ist ... und ob alles gut verpackt ist. Wahrscheinlich stand er sehr bedenklich nah am Ufer, sonst wäre er nicht weggerutscht und in den Fluß gefallen.«

Pu sah dem Picknickkorb weiter nach, genau wie Ferkel, während er am Ufer entlangging, um mit dem Korb Schritt zu halten. »Meine Einschätzung des Problems ist, daß mein Hunger hier in meinem Bauch ist, während mein Mittagessen dahinten schwimmt. Und mein Ziel ist es, das Mittagessen und meinen Bauch am selben Ort zu haben, zumindest so lange, wie ich brauche, um es zu essen. Und die Erschwernisse sind in diesem Fall nicht *Bienen*, sondern der Fluß, der naß, breit und nicht sehr freundlich zu Bären ist, die nicht schwimmen können!«

»Gut gemacht, Pu!« sagte der Fremde. »Sehr gute Arbeit bis jetzt. Was sollen wir als nächstes tun?«

Pu fragte sich einen Moment lang, warum es den Fremden offenbar nicht aus der Ruhe brachte, daß *sein* Mittagessen langsam flußabwärts trieb, doch da er ein Bär von sehr wenig Verstand war und seine ganze Konzentration brauchte, um mit Ferkel Schritt zu halten, ohne in Stechginsterbüsche zu laufen, fragte er sich das nicht lange.

»Äh ..., als nächstes müssen wir Fragen stellen«, sagte Pu.

»Da ist er! Da schwimmt er!« quiekte Ferkel, das auf einen großen Stein am Fluß geklettert war, um besser sehen zu können.

»Warum. Warum müssen wir das Problem lösen?« sagte Pu zu sich selbst. »Aber das ist ja klar, weil es Zeit zum Mittagessen ist. Dann fragen wir Was? – Was ist das Problem? Na, es ist klar, daß wir den Picknickkorb aus dem Fluß retten müssen, bevor er wegtreibt und bevor er sinkt. Und dann ... dann fragen wir Wo. Ferkel? Wo treibt er hin, Ferkel?«

»Runter, Pu.«

»Ja, aber *wo* runter?« fragte Pu.

»Den Fluß runter. Ich vermute, er treibt genau dorthin, wo der Fluß hinfließt, obwohl, man weiß ja nie«, sagte Ferkel.

»Und wo fließt der Fluß von hier aus hin?« fragte der Fremde.

»Er fließt an Kängas Haus und an der Sandkuhle vorbei, unter der Brücke hindurch, wo wir Pu-Stöcke spielen, und weiter durch den Wald«, sagte Ferkel.

Pu wünschte, der Korb wäre ein Pu-Stock, dann könnte er an der Brücke auf ihn warten und ihn schnappen, wenn er vorbeikam. »Ferkel, wann wird der Korb an der Brücke ankommen, und wer wird dann dort auf ihn warten?«

Ferkel unterbrach seine Korbverfolgung gerade lange genug, um zu begreifen, daß Pu einen Plan hatte. »Bald, und *wir* werden dort auf ihn warten, nicht wahr, Pu?«

»Ja, das werden wir«, sagte Pu. »Jetzt müssen wir uns nur noch das Wie überlegen. Ach, mit den Wies tue ich mich immer schwer.«

»Was ist denn, Pu?« fragte der Fremde.

»Na ja«, sagte Pu, »ich bin zu dem Schluß gekommen, daß der Korb dem Fluß folgt und es wahrscheinlich auch weiter tun wird, obwohl, man weiß ja nie, und daß er sehr bald unter der Brücke hindurchkommen wird, wo wir warten werden, um ihn zu retten.«

»Gut gemacht, Pu«, sagte der Fremde. »Und wie wollt ihr ihn retten?«

»Das weiß ich noch nicht genau. Vielleicht durch Schwemmen, wie wir es mit I-Ah gemacht haben, als er ein Pu-Stock war. Oder vielleicht so, wie wir deine Aktentasche aus der Heffalump-Falle gerettet haben, indem wir nach ihr geangelt haben, obwohl wir keine Schnur haben und ich nicht glaube, daß der Korb so lange warten wird, bis ich Ferkel losgeschickt habe, um ein Stück Schnur von zu Hause zu holen. Du siehst also, ich bin nicht ganz sicher.«

»Aber du hast sehr viele gute Ideen«, sagte der Fremde.

»Ein Stock! Das ist es! Ein Pu-Stock!« rief Ferkel.

»Was meinst du mit ›ein Pu-Stock‹?« fragte Pu.

»Wir können einen Pu-Stock benutzen«, sagte

Ferkel. »Ein bißchen größer und schwerer, aber trotzdem ein Pu-Stock. Hilfst du uns?« fragte Ferkel und sah den Fremden an.

»Natürlich«, sagte der Fremde. »Was soll ich machen?«

»Ich dachte«, sagte Ferkel in dem Versuch, zu erklären und gleichzeitig den Korb im Auge zu behalten, während sie weitergingen, »daß wir wie in Pus Plan zur Brücke gehen könnten und du mit einem Stock den Korb aus dem Fluß fischen könntest, während Pu und ich dich an den Beinen festhalten, damit du nicht ins Wasser fällst.«

»Ausgezeichnet, Ferkel!« sagte Pu.

»Dann haben wir also jetzt einen Plan«, sagte der Fremde. »Und er klingt nach einem sehr schlauen Plan. Und das erinnert mich an die Überschwemmung, die ihr mal erlebt habt. Wißt ihr noch?«

»Wie könnte ich das vergessen!« sagte Ferkel, und es schauderte.

»Ja«, sagte der Fremde, »und eure Abenteuer damals und unser Problem jetzt sind genau das, worüber ich heute mit euch sprechen wollte, bevor mein Korb in den Fluß fiel.«

»Er wurde gestoßen!« sagte Ferkel.

»Er ist gefallen!« sagte Pu.

»Egal«, fuhr der Fremde fort. »Jedenfalls wollte ich mit euch über den letzten und wichtigsten Schritt der Problemlösungsmethode sprechen: Erprobung der Lösung und Überprüfung der Ergebnisse.«

»Weshalb ist das der wichtigste Schritt?« fragte Ferkel.

»Wegen«, sagte der Fremde, »all dem, was vorausgegangen ist. Wir haben ein schönes Stück Arbeit geleistet, um zu dem letzten Schritt zu gelangen, aber alle unsere Bemühungen sind umsonst gewesen, wenn wir unsere Lösung nicht erproben.«

»Also, was müssen wir tun?« fragte Pu.

»Sobald ihr euer Problem ausgewählt habt«, sprach der Fremde weiter, »es eingeschätzt und durch Fragen alles Wichtige darüber gelernt, mögliche Lösungen visualisiert und euch für eine davon entschieden habt, besteht der letzte Schritt darin, die Lösung umzusetzen. Das geschieht, indem ihr ›einen Weg von hier nach dort findet‹, dann ›eine Trockenübung macht‹ und schließlich ›eure Lösung erprobt und die Ergebnisse überprüft‹.«

»Wege finden und trocken üben«, sagte Pu. »Das klingt, als könnte das lange dauern. Ich fürchte, der Korb wird nicht langsamer treiben, damit du Zeit hast, das alles zu machen, bevor er an der Brücke vorbeikommt.«

»Nein, nein, nein«, sagte der Fremde. »Das dauert nicht lange, und wir können dabei weiterreden. Wenn wir soweit sind, die Lösung zu erproben, die uns eingefallen ist, ›suchen wir als erstes einen Weg von hier nach dort‹. Das bedeutet nichts anderes, als einen Aktionsplan zu entwickeln. Ein Aktionsplan ist die Zusammenfassung all der Dinge, die wir tun oder die wir besorgen müssen, damit wir unseren Plan durchführen können. Wißt ihr noch, wie Ferkel wegen der Überschwemmung in seinem Haus festsaß?«

Und während sie am Fluß entlanggingen, wobei Ferkel die Felsen rauf- und runterkrabbelte und zwischen den Büschen hindurchkroch, um den Korb, der träge mit der Strömung trieb, besser im Auge behalten zu können, erzählte der Fremde noch einmal, wie es tagelang geregnet hatte, wie der Fluß im Wald über die Ufer gestiegen war und wie Ferkel plötzlich von Wasser umgeben und in seinem Haus gefangen gewesen war.

> »Es ist ein bißchen beängstigend«, sagte es sich, »ein sehr kleines Tier zu sein, das völlig von Wasser umgeben ist. Christopher Robin und Pu könnten entkommen, indem sie auf Bäume klettern, und Känga könnte entkommen, indem sie springt, und Kaninchen könnte durch Buddeln entkommen, und Eule könnte durch Fliegen entkommen, und I-Ah könnte dadurch entkommen, daß er ... daß er lauten Lärm macht, bis er gerettet wird, und

hier bin ich, von Wasser umgeben, und ich kann *gar nichts* tun.«

Es regnete weiter, und jeden Tag stieg das Wasser ein bißchen, und jetzt hatte es schon fast Ferkels Fenster erreicht, und Ferkel hatte immer noch nichts unternommen.

Zum Beispiel Pu, dachte es. Pu hat nicht viel Verstand, aber ihm stößt nie etwas zu. Er tut das Falsche, und das stellt sich dann als das Richtige heraus. Oder Eule. Eule hat zwar nicht gerade Verstand, aber sie weiß Sachen. Sie wüßte, was man tun müßte, wenn man von Wasser umgeben ist. Oder Kaninchen. Kaninchen hat nichts aus Büchern gelernt, aber es kann sich immer einen schlauen Plan ausdenken. Oder Känga. Sie ist nicht schlau, Känga schon gar nicht, aber sie würde sich solche Sorgen um Ruh machen, daß sie wüßte, was man tun muß, ohne darüber nachzudenken. Und dann gibt es noch I-Ah. Und I-Ah geht es sowieso so lausig, daß ihm dies auch nichts mehr ausmachen würde. Aber ich wüßte gern, was Christopher Robin jetzt täte.

Dann fiel ihm plötzlich eine Geschichte ein, die ihm Christopher Robin über einen Mann erzählt hatte, der auf einer einsamen Insel war und etwas in eine Flasche geschrieben und die Flasche ins Meer geworfen hatte; und Ferkel

BETRETEN
V

dachte, wenn es etwas in eine Flasche schriebe und sie ins Wasser würfe, käme vielleicht einer und würde *es* retten!
Ferkel verließ das Fenster und begann, seine Wohnung abzusuchen, soweit sie noch nicht unter Wasser stand, und schließlich fand es einen Bleistift und ein kleines Stück trockenes Papier und eine Flasche mit einem Korken, der auf die Flasche paßte. Und auf die eine Seite des Zettels schrieb es:

HILFE!
PFERKL (ICH)

und auf die andere Seite:

ICH BINS PFERKL, HILFE HILFE!

Dann steckte es den Zettel in die Flasche und verkorkte die Flasche, so fest es konnte, und beugte sich aus dem Fenster, so weit es konnte, ohne ins Wasser zu fallen, und warf die Flasche, so weit es konnte – *platsch!* –, und nach kurzer Zeit tauchte sie wieder auf, und es beobachtete, wie sie langsam in die Ferne davontrieb, bis seine Augen vom Beobachten schmerzten, und manchmal glaubte Ferkel, es sei die Flasche, und manchmal glaubte es, es

sei nur eine kleine Welle, der es mit seinen Blicken folgte, und dann wußte es plötzlich, daß es die Flasche nie wiedersehen würde und daß es alles getan hatte, was in seiner Macht stand, um sich zu retten.

Als der Fremde fertig war, gingen er und Pu ein oder zwei Augenblicke lang schweigend dahin. Sie konnten die Brücke vor sich hinter einer Biegung im Fluß sehen, und bei ihrem Anblick machte Pus Herz einen Sprung, oder vielleicht war es auch sein Bauch, denn der erfolgreiche Abschluß ihres Abenteuers ließ nicht mehr lange auf sich warten. So hoffte er wenigstens.

»Du siehst also, daß Ferkel seine Sache ausgezeichnet macht, indem es zur Lösung seines Problems die Lösung von jemand anderem verwendet, in diesem Fall aus einer Geschichte, die ihm Christopher Robin erzählt hatte.« Als Ferkel das hörte, unterbrach es für einen Moment seine Kletterpartie am Flußufer und lächelte stolz. »Für uns noch wichtiger ist jedoch, daß Ferkel, sobald es sich für seinen

Plan entschieden hatte, nämlich mit einer Nachricht in einer Flasche Hilfe zu rufen, notwendigerweise eine Nachricht brauchte, und für die Nachricht brauchte es einen Bleistift und einen Zettel und eine Flasche, in die es den Zettel stecken konnte.«

»Und einen Korken!« fügte Ferkel hinzu.

»Das ist richtig«, sagte der Fremde, »und einen Korken, damit die Nachricht trocken blieb und die Flasche schwimmen konnte. Nachdem es also den Zettel, den Bleistift, die Flasche besorgt hatte ...«

»Und den Korken!« sagte Ferkel.

»... und den Korken«, fuhr der Fremde fort, »mußte es die Nachricht schreiben, sie in die Flasche stecken, die Flasche fest verkorken und sie dann, so weit es ging, zum Fenster hinauswerfen. Das alles waren Aktionen, die Ferkel unternommen hat, um seinen Plan in die Tat umzusetzen. Daher auch der Terminus ›Aktionsplan‹, was ein anderer Ausdruck ist für ›einen Weg von hier nach dort finden‹.«

Pu dachte über das nach, was der Fremde gesagt hatte, doch vor allem dachte er über das Wort »Terminus« nach, weil ihm der Klang gefiel und weil es die Art von Wort zu sein schien, die Eule benutzen würde.

»Wenn wir eine Lösung ausgewählt haben«, fuhr der Fremde fort, »machen wir also einen Aktionsplan, der all die Dinge auflistet, die wir besorgen oder tun müssen, um unseren Plan auszuführen. Ihr habt vorhin gesagt, ich soll mich zur Rettung unseres Korbes mit einem Stock in der Hand von der Brücke über den Fluß hinauslehnen und den Korb herausfischen, während ihr mich dabei festhaltet. Wie ist unser Aktionsplan?«

»Zuerst müssen wir zur Brücke gehen!« sagte Ferkel, das jetzt schneller lief.

»Und wir müssen einen Stock finden«, sagte Pu. »Und es muß ein spezieller Pu-Stock sein. Einer, der größer und länger ist als die meisten.«

Der Fremde legte einen Schritt zu, um nicht zurückzufallen, während Pu und Ferkel vorausrannten. Ferkel lief auf die Brücke und hielt stromaufwärts nach dem Korb Ausschau. Pu hatte sich vor der Brücke abgewandt und suchte nun den Boden nach dem genau richtigen Stock ab, als der Fremde eintraf.

»Ich sehe ihn! Ich sehe ihn!« rief Ferkel.

Der Fremde lehnte sich über das Geländer, um zu kucken, als Pu mit einem Stock kam, der als Pu-Stock überhaupt nichts taugen würde, den er aber zum Herausfischen von Picknickkörben aus Flüssen für geeignet hielt.

Der Korb war noch immer ein gutes Stück entfernt. »So, Pu«, sagte der Fremde, »gib mir den Stock, und ich erzähle euch vom nächsten Teil der Lösungserprobung, während ich übe. Das nennt

man ›Trockenübung‹. Und mit diesen Worten nahm der Fremde den Stock, ging in die Hocke und lehnte sich durch die Stäbe des Geländers hinaus, den Stock in einer Hand.

»Aber was machst du denn da? Der Korb ist doch noch gar nicht da«, sagte Ferkel.

»Jetzt, wo wir alles getan haben, was unser Aktionsplan verlangt«, sagte der Fremde, »empfiehlt es sich, besonders bei großen und komplexen Problemen, vor der eigentlichen Erprobung der Lösung eine kleine Vorübung zu machen, um zu sehen, ob die Lösung auch funktioniert. Falls sie nicht genauso funktioniert, wie ihr dachtet, habt ihr dann die Möglichkeit, sie abzuändern, bevor ihr sie richtig erprobt. Und zwar so.«

Der Fremde bat Pu und Ferkel, seine Beine gut festzuhalten, während er sich hinausbeugte und den Stock vor- und zurückschwang. Er konnte das Ende des Stockes ins Wasser tauchen, und er ließ ihn ein paarmal hin- und herklatschen, um ein Gefühl dafür zu bekommen. Und dann tat er so, als würde er versuchen, einen Korb zu fassen zu kriegen, um zu sehen, wie das am besten klappen könnte. Kurz darauf richtete er sich wieder auf.

»So«, sagte er, »das war ganz gut. Ich habe unsere Lösung getestet, um zu sehen, wie sie funktionieren könnte, und ich denke, es könnte hinhauen.«

Pu war sehr glücklich, denn das hieß, daß es vielleicht bald etwas zu essen geben würde, was er jetzt ganz dringend brauchte, nach der ganzen Aufregung und Problemlöserei, die er hinter sich hatte. Der Fremde setzte seine Erklärung fort.

»Bevor wir unsere Lösung erproben, machen wir eine Trockenübung, weil wir so unsere Kräfte schonen und uns vergewissern können, daß die Lösung gut ist. Bei der Trockenübung wenden wir die gleiche Methode an wie bei der eigentlichen Erprobung der Lösung. Wir müssen uns merken, was unser Ziel ist, damit wir wissen, wie genau wir Erfolg definieren, und wir müssen Kriterien festlegen, anhand derer wir die Ergebnisse unserer Lösung messen.«

»Was sind Kriterien?« fragte Ferkel.

»Das ist so was, wo man Schlange steht und sich sein Lieblingsessen aussuchen kann«, sagte Pu, dem einfiel, daß Christopher Robin ihm das mal erklärt hatte.

»Nein, Pu«, sagte der Fremde, »du meinst bestimmt eine Cafeteria. Kriterien sind Maßstäbe, mit denen wir beurteilen, ob unsere Lösung erfolgreich war oder nicht. So was wie eine Meßlatte.«

Pu kannte sich mit Meßlatten aus, aber nur insoweit, als sie prima Piratenschwerter abgaben und man mit ihnen auch sehr gut Papierschiffchen vom Ufer eines Baches abstoßen konnte, wenn sie sich an Zweigen oder Wurzeln und dergleichen verfangen hatten.

»Für unser Problem«, fuhr der Fremde fort, »könnten wir als Kriterien nehmen, ob wir den Picknickkorb aus dem Fluß fischen oder nicht, ob der Inhalt naß geworden ist oder nicht, und falls ja, wie naß. All das können wir sagen, nachdem wir unsere Lösung erprobt haben, denn dann sehen wir, wie erfolgreich wir gewesen sind.«

»Und wenn wir den Korb nicht aus dem Fluß fischen können?« fragte Ferkel.

»Dann verhungern wir alle«, sagte Pu ernst.

»Eine gute Frage, Ferkel«, sagte der Fremde. »Bevor wir unsere Lösung erproben, ist es ratsam, eine Lösung für den Notfall im Kopf zu haben. Wenn dann die Sache nicht so gut läuft, haben wir eine Alternative, die wir uns im vorhinein überlegt haben. Damit wir vorbereitet sind.«

»Wenn wir den Korb nicht erwischen«, sagte Ferkel, »wäre eine Notfallösung, daß wir weiter flußabwärts gehen und den Korb schwemmen.«

»Ja«, sagte der Fremde. »Aber hoffen wir, daß unsere Lösung das nicht erforderlich macht. Wann wird der Korb denn hier sein, Ferkel?«

»Er treibt ziemlich langsam«, sagte Ferkel. »Ich denke, es dauert noch ein, zwei Minuten.«

»Schön«, sagte der Fremde, »dann hab ich ja noch Zeit, die Geschichte von der Überschwemmung und Ferkels Rettung ein wenig weiterzuerzählen.«

Und das tat er:

Und am Morgen des vierten Tages geschah es, daß Ferkels Flasche vorbeigetrieben kam, und mit einem lauten Schrei – »Honig!« – ließ sich Pu ins Wasser plumpsen, ergriff die Flasche und quälte sich wieder auf seinen Baum zurück.
»So ein Mist!« sagte Pu, als er sie öffnete. »So naß für nichts und wieder nichts. Was soll denn dieser Zettel?«
Er nahm ihn heraus und betrachtete ihn.
»Es ist eine Botschaft«, sagte er sich, »das ist es nämlich. Und dieser Buchstabe ist ein ›P‹, und der auch, und ›P‹ heißt ›Pu‹, also ist es eine sehr wichtige Botschaft für mich, und ich kann sie nicht lesen. Ich muß Christopher Robin oder Eule oder Ferkel finden, einen dieser schlauen Leser, die Sachen lesen können, und sie werden mir sagen, was diese Botschaft bedeutet. Ich kann nur leider nicht schwimmen. So ein Mist!« Dann hatte er eine Idee, und ich finde, daß sie für einen Bären von sehr wenig Verstand eine gute Idee war. Er sagte sich:
»Wenn die Flasche schwimmen kann, dann kann ein Topf auch schwimmen, und wenn ein Topf schwimmt, kann ich mich auf den Topf setzen, wenn der Topf sehr groß ist.«

Also nahm er den größten Topf und verschloß ihn sorgfältig. »Alle Schiffe müssen einen Namen haben«, sagte er, »deshalb werde ich meins *Der Schwimmende Bär* nennen.« Und mit diesen Worten ließ er sein Schiff ins Wasser fallen und sprang hinterher.

Zuerst waren Pu und *Der Schwimmende Bär* sich nicht einig, welcher von beiden oben hingehörte, aber nachdem sie eine bis zwei verschiedene Stellungen ausprobiert hatten, einigten sie sich darauf, daß *Der Schwimmende Bär* unten blieb und der siegreiche Pu stolz im Herrensitz oben, wobei er eifrig mit den Füßen paddelte.

»Wenn ich *Der Schwimmende Bär* hier hätte«, sagte Pu, »könnte ich den Picknickkorb im Handumdrehen retten!«

»Aber mir geht es bei der Geschichte vor allem um den Teil«, sagte der Fremde, »als du dich für eine Lösung entschieden hattest, nämlich *Der Schwim-*

mende Bär, und deine Stellung mehrmals ändern mußtest, bevor du den Dreh raus hattest. Und dieses Ändern, wenn man eine Lösung erprobt hat, ist sehr nützlich beim Probleme-Lösen. Man darf sich nicht allzusehr auf eine bestimmte Lösung versteifen, damit man sie jederzeit durch Veränderung verbessern kann.«

»Da kommt er!« quiekte Ferkel. »Macht euch bereit!«

»Noch eins«, sagte der Fremde. »Wenn wir die Lösung erproben, die wir ausgewählt haben, müssen wir unbedingt auf Anzeichen dafür achten, ob die Lösung funktioniert oder nicht. Wenn wir sehen oder hören, daß unsere Lösung nicht funktioniert oder nicht so gut funktioniert, wie wir es gern hätten, können wir sie noch immer verändern und an die Gegebenheiten anpassen; wenn wir allerdings nicht auf die Anzeichen achten, könnte unsere Lösung scheitern, und wir hätten keinen Anhaltspunkt dafür, warum. Das nennt man ›Feedback‹, und –«

»Feedback!« sagte Pu. »Das ist auch ein Teil von Kommunikation! Das weiß ich noch von früher, als ich gelernt habe, ein V.I.B. und ein Manager zu sein.«

»Stimmt«, sagte der Fremde. »Und hier dient es dem gleichen Zweck, nämlich den Erfolg der Lösung zu überprüfen, während sie angewendet, also erprobt wird.«

»Da ist er! Da ist er!« rief Ferkel und sprang schon aufgeregt auf und ab, obwohl der Korb noch immer in der Strömung träge auf die Brücke zutrieb.

»Irgendwas stimmt nicht«, sagte Pu. »Ich glaube, er treibt auf das Ende der Brücke zu.«

»Sehr gut, Pu«, sagte der Fremde. »Dann wollen wir die Lösung aufgrund unseres Feedbacks korrigieren und dort rübergehen.«

Der Fremde ging zu der Stelle, wo der Korb wahrscheinlich unter der Brücke hindurchtreiben würde, hockte sich hin und war bereit, sich mit dem Stock in der Hand hinauszulehnen, um nach dem Korb zu angeln. Ferkel und Pu faßten seine Beine, um ihn festzuhalten, doch der Fremde war viel größer als ein durchschnittliches Tier im Wald, ganz zu schweigen von einem durchschnittlichen Ferkel im Wald, deshalb war das keineswegs leicht. Als der Korb näher kam, wurde er plötzlich von den Strömungen an der Brücke herumgewirbelt.

»Moment«, sagte der Fremde, »wir müssen ein Stück nach links!«

Pu, der sich tief bücken mußte und – selbst wenn er in Hochform war – nie genau wußte, wo links und wo rechts war, fragte zögernd: »Nach links?«

»Ganz recht.«

»Ganz rechts?« rief Pu.

»Nein. Nach links!«

»Hilfe!« rief Ferkel, das sich am Hosenaufschlag

des Fremden festhielt, aber bei all seinen Bemühungen hin und her geschleudert wurde.

»Laßt mich noch ein bißchen weiter raus!« rief der Fremde. »Ich bin fast dran!«

»Ist weiter raus links oder rechts?« wollte Pu von Ferkel wissen.

»Moment, nein ... noch ein kleines bißchen ... haltet mich, ich glaube, ich rutsche ...«

»Er meint bestimmt links, er ist nämlich Rechtshänder«, sagte Pu.

»Ich rutsche!« rief der Fremde.

»Ich glaube, er feedbackt«, bemerkte Ferkel.

»Sollen wir was abändern?« fragte Pu.

»Hilfe! Hilfe!« rief Ferkel, dem der Hosenaufschlag des Fremden aus den Pfoten glitt.

Platsch!

»Ist das die Notfall-Lösung?« fragte Ferkel, als es mit Pu am Geländer stand und auf den Fluß blickte.

Und bei dem Platsch kamen Kaninchen und Ruh aus dem Wald gesprungen und liefen zu Pu und Ferkel, die sich über das Geländer beugten und auf die Stelle starrten, wo der Fremde eben noch gewesen war. »Können wir helfen? Wir haben Rufen gehört und sind so schnell gekommen, wie wir konnten.«

Der Fremde tauchte wieder auf, mit dem Stock in der einen und dem Picknickkorb in der anderen Hand.

»Sollen wir jetzt schwemmen?« rief Pu.

Der Fremde antwortete nicht, sondern watete ans Ufer. Pu und Ferkel und Kaninchen und Ruh eilten alle von der Brücke zu dem Fremden, der ans Ufer gekommen war, den Korb auf einen Baumstumpf stellte und sich das Wasser aus der Kleidung schüttelte.

Keiner von ihnen sagte etwas, unsicher, wie der Fremde reagieren könnte.

»Es … äh … es tut mir leid«, stammelte Pu schließlich. »Ich dachte, wir hätten dich besser gepackt gehabt. Und dann wurde was gerufen, und du hast gesagt ›nach links‹, und ich dachte, du meinst vielleicht nach rechts, ich meine, du hast gesagt ...«

»Schon gut, Pu«, sagte der Fremde. »Beim Lösen von Problemen kommt es eben manchmal vor, daß man naß wird. Aber habt ihr irgendwas gelernt?«

»Ich habe was gelernt!« sagte Ferkel, das jetzt aufsprang, als es sah, daß der Fremde nicht böse war. »Ich habe gelernt, wenn wir das das nächste Mal machen, solltest du versuchen, den Korb herauszufischen, ohne ins Wasser zu fallen.«

»Danke, Ferkel.«

»Dann sind wir wohl beim Lösen des Problems gescheitert«, sagte Pu traurig.

»Tja«, sagte der Fremde, »was denkst du denn? Was war unser Ziel?«

»Den Korb zu retten?« sagte Pu.

»Und haben wir ihn gerettet?« fragte der Fremde.

»Äh, ja ...«, sagte Pu langsam.

»Und was haben wir gesagt, wie wir unseren Erfolg messen würden?« fragte der Fremde.

»Mit unserer Meßlatte!« rief Ferkel, woraufhin Kaninchen und Ruh einander Blicke zuwarfen, weil sie nicht verstanden, worum es ging.

»Mit Kriterien.«

»Wir haben gesagt«, sagte Pu schon heiterer, »ein Teil der Lösung sei es, den Korb wiederzubekommen – und ein anderer, ob das Essen naß ist oder nicht«, sagte er, und die Worte sprudelten immer schneller aus ihm heraus, weil ihm immer mehr klar wurde, »und wenn es naß wäre, wie sehr ...« Pu öffnete den Deckel des Korbes und fing an, den Inhalt durchzusehen.

»Erfolg! Wir haben es gelöst!« rief er und nahm einen nassen, aber unversehrten Topf Honig aus dem Korb. »Die Sandwiches und so weiter lagen oben auf dem Topf, und genau wie *Der Schwimmende Bär* muß er geschwommen sein und den Korb oben gehalten haben.«

»Also«, sagte der Fremde, »auf der Grundlage unseres festgelegten Ziels und der Kriterien, mit denen wir unsere Lösung messen wollten, war das tatsächlich ein Erfolg.«

»Aber du bist ganz naß geworden!« sagte Ferkel.

»Ja, das stimmt«, sagte der Fremde. »Und beim nächsten Mal sorge ich dafür, daß eins der Erschwernisse ›nicht naß werden‹ lautet.« Der Fremde lachte und fing an, den Picknickkorb auszupacken, während Ferkel Kaninchen und Ruh das gesamte Abenteuer erzählte – und wie es zusammen mit Pu das Problem ganz allein gelöst hatte.

In der Zwischenzeit war von Pu kaum mehr zu hören als »Mmmmmmm, hmmmmm« und »hmmmmmm, mmmmmm«.

»Aber laßt uns doch die Geschichte von der Überschwemmung zu Ende erzählen«, sagte der Fremde, als Ferkel mit seiner Erklärung fertig war.

»Dann werdet ihr nämlich sehen, daß Pu auch schon mal Erfahrung mit Trockenübungen gemacht hat, selbst wenn er dabei nicht ganz trocken geblieben ist.« Und der Fremde erzählte den Rest der Geschichte.

»Also, Pu«, sagte Christopher Robin, »wo ist dein Schiff?«

»Ich sollte vielleicht sagen«, erläuterte Pu, als sie zur Küste der Insel hinuntergingen, »daß es kein ganz gewöhnliches Schiff ist. Manchmal ist es ein Schiff und manchmal eher ein Unfall. Kommt immer drauf an.«

»Worauf?«

»Darauf, ob ich darauf bin oder darunter.«

»Oh! Und wo ist es?«

»Da!« sagte Pu und zeigte stolz auf *Der Schwimmende Bär*. Es war nicht das, was Christopher Robin erwartet hatte, und je mehr er das Schiff ansah, desto mehr dachte er, was für ein tapferer und schlauer Bär Pu doch war, und je mehr Christopher Robin dies dachte, desto mehr kuckte Pu an seiner Nase entlang zu Boden und versuchte so zu tun, als wäre er gar nicht tapfer und schlau.

»Aber für zwei von uns ist es zu klein«, sagte Christopher Robin traurig.

»Drei von uns mit Ferkel.«

»Das macht es noch kleiner. Ach, Pu Bär, was sollen wir nur tun?«
Und dann sagte dieser Bär, Pu Bär, Winnie-der-Pu, F.v.F. (Freund von Ferkel), K.G. (Kaninchens Genosse), P.E. (Pohl-Entdecker), I.A.T. und Sch.F. (I-Ahs Tröster und Schwanzfinder) – nämlich er selbst, Pu – sagte etwas so Schlaues, daß Christopher Robin ihn nur mit offenem Mund anstarren konnte und sich fragte, ob dies wirklich der Bär von so wenig Verstand war, den er schon so lange kannte und liebte.
»Wir könnten vielleicht in deinem Schirm hinfahren«, sagte Pu.
»?«
»Wir könnten vielleicht in deinem Schirm hinfahren«, sagte Pu.
»??«
»Wir könnten vielleicht in deinem Schirm hinfahren«, sagte Pu.
»!!!!!«
Denn plötzlich sah Christopher Robin, daß sie das tatsächlich vielleicht könnten. Er öffnete seinen Schirm und legte ihn mit der Spitze nach unten aufs Wasser. Er ging nicht unter, aber er schwankte. Pu stieg ein. Er wollte gerade sagen, jetzt sei alles in Ordnung, als er merkte, daß das gar nicht stimmte, und

so watete er nach einem Schluck Wasser, den er eigentlich nicht gewollt hatte, zurück zu Christopher Robin. Dann stiegen sie beide zusammen ein, und nun schwankte der Schirm nicht mehr.

»Ich werde dieses Schiff *Pus Verstand* nennen«, sagte Christopher Robin, und *Pus Verstand* setzte unverzüglich Segel in südwestlicher Richtung und drehte sich dabei anmutig um sich selbst.

[…] Du kannst dir Ferkels Freude vorstellen, als es endlich das stolze Schiff *Pus Verstand* sah *(Kapitän:* C. Robin; *I. Steuermann:* P. Bär), welches von weit her übers Meer gekommen war, um es zu retten …

»*Pus Verstand* war also deine Lösung, um Ferkel zu retten«, sagte der Fremde. »Und nachdem du dich für diese Lösung entschieden hattest, hast du sie getestet, indem du eingestiegen bist und *Pus Verstand* ausprobiert hast, bevor du und Christopher Robin schließlich aufgebrochen seid, um Ferkel zu suchen.«

»Und das war auch gut so«, sagte Pu. »Ich habe nämlich festgestellt, daß der Schirm etwas kippelig war, es sei denn natürlich, ein Kapitän *und* ein erster Steuermann waren zusammen an Bord.«

»Und genau so etwas kann man mit Trockenübungen testen, wenn man ein Problem zu lösen versucht.«

Und dann aßen sie zu Mittag, und Pu, nachdem er seinen Honig auf hatte und bevor er sich an etwas Brot mit Kondensmilch machte, sang sein Problemlösungslied und fügte noch eine letzte Strophe hinzu:

Erprobung heißt der letzte Schritt,
Doch eins ist wichtig: gib gut acht,
Sonst kriegst du vielleicht gar nicht mit,
Daß nichts so läuft, wie du's gedacht.

Nach dem Essen stand der Fremde auf und dankte Pu und Ferkel für ihre Hilfe, sagte aber, daß er nach Hause müsse, um sich umzuziehen, da er noch immer naß war und sich keinen Schnupfen holen wolle.

»Aber bevor ich gehe«, sagte der Fremde, »möchte ich kurz wiederholen, was wir über den letzten Schritt der Problemlösungsmethode gelernt haben: Erprobung der Lösung und Überprüfung der Ergebnisse. Nämlich, daß wir nach dem Visualisieren und der Auswahl einer Lösung im vorangegangen Schritt einen Aktionsplan machen.«

»Was ein anderer Ausdruck ist für ›einen Weg von hier nach dort finden‹«, sagte Ferkel zu Ruh in dem gleichen Tonfall, den es gehört hatte, als es in Christopher Robins Tasche in der Schule gewesen war.

»Das ist richtig«, sagte der Fremde. »Und als nächstes testen wir die Lösung mit einer sogenannten Trockenübung, um festzustellen, ob sie funktioniert. Das tun wir, indem wir genau festlegen, was Erfolg ist, und Kriterien aufstellen ...«

»Das ist so was wie eine Meßlatte«, flüsterte Pu Kaninchen zu, »zum Messen.«

»... mit denen wir unseren relativen Erfolg bemessen. Nötigenfalls nehmen wir Veränderungen an unserer Lösung vor, während wir sie erproben, und wir überlegen uns für den Fall, daß etwas schiefläuft, eine Notfall-Lösung.«

»Die keine Reinfallösung sein sollte«, sagte Pu.

»Wie wahr, Pu«, sagte der Fremde. »Wenn unsere

Trockenübung erfolgreich war, gehen wir genauso bei der eigentlichen Erprobung unserer Lösung vor, und wir überprüfen fortlaufend die Resultate, das heißt, wir achten auf jedes Feedback, das darauf hindeutet, daß eine Veränderung nötig sein könnte. Wenn ihr alle Schritte bis hierher eingehalten habt, werdet ihr euer Problem problemlos lösen können.«

»Und dann kann man zu Mittag essen«, sagte Pu froh.

KAPITEL 9

In welchem der Fremde alle mit auf ein Abenteuer nimmt, Ferkel ein riesenradgroßes Problem findet und Pu es löst

»Der Jahrmarkt! Der Jahrmarkt!« quiekte Ferkel und lief den anderen voraus zum Eingang, gefolgt von Ruh, das »Oh! Oh!« rief und sehr aufgeregt tat.

»Es wird regnen«, sagte I-Ah mit Blick zum wolkenlosen Himmel. »Sonn zur Morgenstund, tut Regen kund. So sagt man doch.«

»Vielen Dank, daß du mit uns hierhergegangen bist«, sagte Pu zu dem Fremden.

»Keine Ursache, Pu«, sagte der Fremde. »Das ist doch das mindeste, was ich tun konnte, nachdem ihr alle mir so tüchtig bei meiner Arbeit geholfen habt. Und auf den Jahrmarkt gehen ist eine meiner Lieblingsbeschäftigungen.«

»Tieger mögen Jahrmärkte am meisten«, sagte Tieger.

»Und ich freue mich auf die Schaubuden«, sagte Eule. »Habe ich euch erzzzählt, daßßß mein berühmter Onkel Horazzz auf einem Jahrmarkt einmal dasss blaue Band für die bessste Schau gewonnen hat? Esss war im Herbssst desss Regenjahresss ...«

Während der Fremde die Eintrittskarten kaufen ging, lauschten die anderen Eule, und Pu blickte mit staunenden Augen auf den Jahrmarkt. Der Fremde hatte von dem Jahrmarkt gehört, der auf einem Platz in der Nähe des Dorfes auf der anderen Seite des Hundertsechzig-Morgen-Waldes stattfand, und alle dorthin eingeladen. Sie warteten, daß der Fremde mit den Eintrittskarten zurückkam, und blickten auf die bunten Zelte, Banner und Fähnchen. In der Mitte einer kleinen Gruppe von Zelten kreiste sacht ein Riesenrad, das fast so groß war wie der Bienenbaum. Sie sahen zu, wie das Rad sich träge drehte, und lauschten der Musik, die von dem Riesenrad über den ganzen Platz trieb.

Tieger machte sich auf die Suche nach irgend etwas, das Tieger auf Jahrmärkten am meisten mögen, und Eule und I-Ah gingen zu einem der Zelte. Pu, Ferkel, Kaninchen, Ruh und der Fremde schlenderten umher und genossen das bunte Treiben und die Klänge des Jahrmarktes.

»Ich hole Popcorn«, sagte der Fremde. »Möchtet ihr auch was, Pu? Ferkel? Kaninchen? Ruh?«

»Nein, danke«, sagte Kaninchen. »Ich gehe aufs Riesenrad, und da möchte ich die Hände frei haben.«

»Ich auch!« sagte Ruh.

»Na schön«, sagte der Fremde. »Wir treffen uns am Riesenrad.«

Und der Fremde ging zum Popcornstand.

»Kommst du mit aufs Riesenrad, Pu?« fragte Kaninchen.

»Nein, danke«, sagte Pu. »Ich überlege mir gerade ein Gesumm über den Jahrmarkt, und ich bleibe lieber hier und summe es, bis es ein richtiger Gedanke ist.«

»Und du, Ferkel?«

Ferkel betrachtete das Riesenrad. Es sah sehr hoch aus.

»Nein«, sagte es. »Ich bleibe besser bei Pu, falls er bei seinem Gesumm Hilfe braucht.«

Ruh und Kaninchen eilten los in Richtung Riesenrad.

»Winkt uns zu, wenn ihr ganz oben seid!« rief Pu ihnen nach.

»Machen wir«, quiekte Ruh.

Pu und Ferkel setzten sich auf eine Bank und sahen zu, wie die Leute vorbeigingen, während Pu über sein Gesumm nachdachte und darauf wartete, daß der Fremde wiederkam. Ferkel sah, daß Kaninchen und Ruh ganz oben auf dem Riesenrad waren, und es konnte die beiden wie verrückt winkenden winzigen Gestalten nur so eben erkennen. Ferkel winkte zurück.

Pu wartete, daß ihm noch mehr von seinem Gesumm einfiel. Als er hochblickte, sah er ebenfalls, daß Kaninchen und Ruh ganz oben auf dem Riesenrad waren und ihm zuwinkten. Er winkte zurück.

Pu meinte zu sehen, daß der Fremde vom Popcornstand zurückkam, aber es war jemand anders.

Ferkel blickte wieder hoch, und Kaninchen und Ruh waren *noch immer* ganz oben auf dem Riesenrad und winkten genauso heftig wie zuvor. Die beiden amüsieren sich bestimmt großartig, dachte es, und es schaute weiter hin, weil es sehen wollte, wie das Rad sich drehte.

Aber das Rad drehte sich nicht.

Kaninchen und Ruh winkten weiter und weiter. Ferkel dachte, daß das sehr merkwürdig sei. Normalerweise drehten sich Riesenräder die ganze Zeit. Zumindest war das sein Eindruck von dem, was Christopher Robin ihm erzählt hatte. Doch obwohl es genau hinsah, bewegte sich das Riesenrad nicht, und Kaninchen und Ruh saßen weiter ganz oben auf dem Riesenrad und schwenkten unaufhörlich die Arme. Ferkel beschloß nachzusehen.

»Pu? Ich glaube, ich habe vielleicht ein Problem gefunden«, sagte Ferkel.

»Und was für eins, Ferkel?« sagte Pu.

»Komm mit mir zum Riesenrad, dann werden wir sehen, was für eins«, sagte Ferkel.

Als Ferkel und Pu zum Riesenrad gingen, kam Tieger ungestüm auf sie zugesprungen. »Pu! Ferkel! Kommt schnell! Das Riesenrad steckt fest, und Kaninchen und Ruh sind drauf, und deshalb stecken sie auch fest!« Und so eilten Pu und Ferkel hinter Tieger her durch das Gedränge zum Riesenrad.

Als sie eintrafen, stand der Schausteller am Bedienungshebel, mit dem man das Rad startete und anhielt, blickte nach oben und wischte sich mit einem Taschentuch über die Stirn.

»Was ist passiert?« fragte Pu.

»Ich weiß nicht«, sagte der Schausteller. »Alles lief reibungslos, und dann klemmte plötzlich das Getriebe, und das Rad blieb stehen.«

Pu blickte nach oben und sah, wie Kaninchen und Ruh ganz oben auf dem Riesenrad in ihrer Gondel hin- und herschaukelten und heftig mit den Armen wedelten. Er konnte nicht genau verstehen, was sie riefen, falls sie überhaupt etwas riefen. Vielleicht machten sie sich noch keine Sorgen, weil sie dachten, es gehörte einfach zum Riesenradfahren dazu, daß das Rad so lange stehenblieb.

»Keine Sorge«, rief Ferkel zu den beiden hoch, nur für den Fall, daß sie wußten, daß sie festsaßen. »Wir holen euch runter«, fügte es hinzu, obwohl es noch keine Ahnung hatte, wie. Aber es war stets hilfreich, Trost zu spenden.

Genau in diesem Moment kamen Eule und I-Ah hinter Tieger herbeigeeilt, der sie geholt hatte.

»Wasss… wasss issst passssssiert?« fragte Eule außer Atem.

»Kaninchen und Ruh sitzen oben auf dem Riesenrad fest!« sagte Pu. »Das ist ein Problem.«

»Ich wußte es«, sagte I-Ah düster. »Ich wußte, es war zu schön, um wahr zu sein. Ich hätte mir denken können, daß es ein typischer Tag für ein Problem ist.«

»Können Sie irgendwas tun?« fragte Pu den Schausteller.

»Nein. Wir müssen warten, bis jemand kommt, der es repariert. Das kann Stunden dauern«, sagte der Schausteller. »Ein Glück, daß nur eure Freunde drauf sind. Ich wollte gerade noch mehr Leute einsteigen lassen, als das Rad stehenblieb.«

Pu wußte nicht, warum der Schausteller es für ein Glück hielt, daß Kaninchen und Ruh festsaßen, da das nach Pus Ansicht keineswegs etwas war, das man als ein Glück bezeichnen könnte.

»Sie scheinen«, sagte Eule, »sich in der Tat in einem unerreichbaren Horssst versteckt zu haben, auf dem Zzzenit diesesss zyklischen Gefährtesss.«

»Und außerdem sitzen sie oben im Riesenrad fest«, sagte Tieger.

»Deshalb müssen wir sie retten«, sagte Pu bestimmt. »Das hier ist ein Problem, und wir werden es lösen!«

»Was machen wir zuerst?« fragte Tieger, der bei den vielen Gesprächen mit dem Fremden über die Problemlösungsmethode vor lauter Ungestüm nicht richtig aufgepaßt hatte und daher nicht genau wußte, wie man anfangen sollte.

»Der erste Schritt«, sagte Pu zuversichtlich, »ist das Selektieren, die Auswahl des Problems. Der S-Schritt der SOLVE-Methode.«

»Mir scheint, daß das Problem ...« setzte I-Ah an.

»... uns ausgewählt hat«, beendete Ferkel aufgeregt den Satz.

Pu fing an, sein Problemlösungsgesumm vor sich hin zu summen. Als er bei der zweiten Strophe war, sagte er langsam: »Der nächste Schritt ist das Organisieren und Definieren des Problems – nachdem man es eingeschätzt hat. Aber *Was* ist das Problem?«

»Dasss Problem issst«, sagte Eule, »daßßß Kaninchen und Ruh oben auf dem Riesenrad gefangen sind!«

»Und das Rad kann sich nicht drehen«, fügte Tieger hinzu.

»Und es sieht nicht gut aus«, sagte I-Ah.

»Es wird Stunden dauern«, quiekte Ferkel immer schneller und schneller, »bis jemand hier ist, der es repariert, und Kaninchen und Ruh sind beide sehr leicht erregbar. Ich glaube, sie werden nicht sehr glücklich sein, wenn sie begreifen, was passiert ist. Wir *müssen* einen Weg finden, sie runterzuholen.«

»Ohne zu fallen«, sagte Tieger. »Das ist eine Erschwernis, wißt ihr noch?«

»Gut«, sagte Pu, der wünschte, er wäre nicht ein Bär von sehr wenig Verstand, und hoffte, daß er gut gelernt hatte, wie man Probleme löst. »Und womit fangen wir an?«

»Wir haben allesss, wasss man sich wünschen kann«, sagte Eule, »wenn man auf einem Jahrmarkt issst.«

»Und wir sind alle zusammen«, sagte Tieger. Er blickte sich um, und einige Leute schauten hoch und zeigten auf die beiden sehr kleinen Gestalten ganz oben auf dem Riesenrad, die mit den Armen wedelten und mit der Gondel hin- und herschaukelten.

»Und was machen wir als nächstes?« fragte I-Ah. »Nicht, daß es irgend etwas nützen wird, aber wir sollten es wohl versuchen.«

»Der nächste Schritt ist Lernen durch Fragen«,

sagte Pu. »Wir müssen die sechs Ws fragen, in der richtigen Reihenfolge, damit wir das Problem besser verstehen. Erinnert sich jemand an die richtige Reihenfolge?« Pu blickte in die ausdruckslosen Gesichter vor sich. »Laßt mich nachdenken.«

Pu dachte eine gute lange Minute lang nach. Eigentlich summte er. Er summte die nächste Strophe seines Problemlösungsgesumms vor sich hin. Er dachte daran, daß er, als er sie gedichtet hatte, ganz genau auf die Reihenfolge der sechs Ws geachtet hatte, damit er sich stets daran erinnern würde. Wie jetzt.

Lern das Fragenstellverfahren,
Doch halt die Reihenfolge ein,
Mit Warum und Was nicht sparen,
Dann Wo, Wann, Wer, Wie hinterdrein.

(Nach jeder Frage frag Warum.)

»Ich hab's«, sagte Pu. Und er erklärte den anderen die sechs Ws in der richtigen Reihenfolge, damit sie ihm helfen konnten. »Wir kennen das Warum des Problems, daß wir nämlich Kaninchen und Ruh sicher herunterbekommen wollen, weil sie unsere Freunde sind. Also fangen wir mit dem Was an.«

»Was verhindert, daß das Rad sich dreht?« fragte I-Ah.

Sie blickten alle den Schausteller an. »Das Getriebe klemmt«, sagte er.

»Und Warum?« fragte Pu, weil ihm wieder einfiel, daß das immer eine gute Frage war, die man stellen konnte, bei egal was.

»Ich glaube, der Antriebsriemen ist gerissen und Stücke davon sind ins Getriebe gefallen«, sagte der Schausteller.

Die Tiere blickten einander an. Keins von ihnen, außer Eule natürlich, kannte sich auch nur im geringsten mit Getrieben und Antriebsriemen aus, und Eule war jetzt still, weil sie sich ganz sicher sein wollte, bevor sie etwas sagte.

»Gibt es eine Möglichkeit, das Rad ohne den Motor in Gang zu bringen?« fragte Tieger.

»Sehr gut, Tieger«, sagte Pu.

»Ich glaube, nicht«, sagte der Schausteller. »Die Automatikbremse ist aktiviert, und solange der Motor und das Getriebe nicht repariert sind, können wir das Rad nicht in Bewegung setzen.«

»Aha«, sagten alle.

Pu trat zurück und blickte nach oben. Kaninchen und Ruh winkten und schaukelten noch immer.

»Wo ist der Fremde?« fragte Pu und blickte in Richtung Popcornstand, wo er ihn zuletzt gesehen hatte. »Ich wünschte wirklich, er wäre hier. *Er* weiß bestimmt, was zu tun ist.«

»Ähem! *Wann* hat esss Vorfälle dieser Art schon

einmal gegeben, und wasss haben Sie da gemacht?« fragte Eule. Pu freute sich, daß Eule eine Wann-Frage gestellt hatte und genau zum richtigen Zeitpunkt.

»Meistens haben wir einfach auf den Reparaturdienst gewartet«, sagte der Schausteller. »Wenn die Leute schließlich runterkonnten, haben wir ihnen zur Wiedergutmachung Freikarten angeboten, aber nicht viele wollten welche.«

»Das überrascht mich nicht«, sagte I-Ah.

»Wer kann das Rad reparieren?« fragte Pu. »Und wie machen sie das?«

»Ich weiß es nicht«, sagte der Schausteller.

»Warum lassen sie die Leute auf dem Riesenrad, wenn sie es reparieren?« fragte Tieger.

»Das tun sie gar nicht«, sagte der Schausteller. »Normalerweise holen sie sie vorher runter, damit der Motor nicht belastet wird.«

»Aber wie machen sie das?« fragte Ferkel. »Und können wir das jetzt auch?«

»Ich wünschte, wir könnten es«, sagte der Schausteller, »aber wißt ihr, die vom Reparaturdienst haben ein spezielles Werkzeug, das sie benutzen ...«, und er ließ sich ausführlich über Ausziehleitern, Schwungräder und Zentrifugalbremsen und andere Dinge aus, von denen Pu nie im Leben gehört hatte.

Schließlich war der Schausteller mit seiner Erklärung fertig, und Eule nickte weise, als hätte sie verstanden.

»Also«, sagte Pu, »können Sie sie runterholen?«

»Nein«, sagte der Schausteller.

»Das habe ich mir gedacht«, sagte I-Ah.

»Ich auch«, sagte Eule. »Eine unlösssbaresss Rätsssel, mit einem Mangel an effektiven Alternativen.«

»Also, wir haben festgestellt, daß das Rad sich nicht bewegen wird«, sagte Pu, der sich wieder nach dem Fremden umsah und wünschte, daß er da wäre. »Tieger? Wärst du wohl so lieb, loszuspringen und nach dem Fremden zu suchen? Ich glaube, er könnte sehr hilfreich sein, aber wie es aussieht, hat er sich verlaufen.«

»Tieger können gut Leute finden. Besonders auf Jahrmärkten«, sagte Tieger, und mit einem »Worra-worra-worraworra« sprang er davon.

»Also«, sagte Pu. »Wir sind an folgendem Punkt angelangt: Wir kennen das Problem und müssen mögliche Lösungen visualisieren, eine aussuchen und sie verbessern ... Hat jemand von euch irgendwelche Ideen? Ach, wenn Christopher Robin doch da wäre. Ich habe einfach immer viel bessere Ideen, wenn er da ist.«

»Wie wär's, wenn du einfach Eule bittest, hinaufzufliegen und sie vom Riesenrad zu holen?« fragte I-Ah. »Die einfachste Sache der Welt. Ich hätte früher daran denken sollen, aber ich habe an den Regen gedacht, der jetzt jeden Augenblick kommen wird.«

»Ähem«, sagte Eule und schickte sich an, ihre inzwischen gut eingeübte Rede über die erforderliche Rückenmuskulatur vom Stapel zu lassen, als Pu sie unterbrach.

»Das ist eine gute Idee, I-Ah. Habt ihr noch welche?« sagte Pu. »Je mehr Ideen wir haben, desto größer sind unsere Erfolgschancen.«

»Ich werde zzzwar Kaninchen nicht retten können«, sagte Eule, »aber ich könnte vielleicht Ruh helfen, dasss ja um einigesss kleiner issst und nicht so eine Belassstung für die erforderliche Rücken …«

»Noch eine Idee!« rief Pu. »Sehr gut. Ein Silberstreif am Horizont!« Und I-Ah und Eule blickten in die Ferne und suchten den Horizont ab, und als Tieger herangesprungen kam, blickte er in dieselbe Richtung.

»Tieger, hast du den Fremden gefunden?« fragte Pu.

»Fremde finden können Tieger am besten«, sagte

er. »Aber noch viel besser können Tieger Fremde im Wald finden, wo nicht so viele Fremde herumlaufen.«

»Wir müssen uns einfach selbst noch mehr Ideen einfallen lassen«, sagte Pu. »Wie wär's, wenn wir etwas versuchen würden, das uns schon einmal geholfen hat, jemanden zu retten?«

»Wie eine Nachricht in einer Flasche?« fragte Ferkel.

»Wir könnten uns auf die Schultern voneinander stellen. Nur, daß dabei mein Rücken durchbrechen könnte, weil ich natürlich ganz unten wäre«, sagte I-Ah.

»Wenn Christopher Robin hier wäre, könnten wir seinen Kittel ausbreiten, und Kaninchen und Ruh könnten reinspringen«, sagte Tieger.

»Das würde niemals funktionieren«, sagte I-Ah. »Sie sind viel zu hoch.«

»Hör mal, I-Ah«, sagte Pu freundlich, »wenn wir uns Ideen einfallen lassen, ist es wichtig, daß wir an die Regel denken, nicht jede Idee sofort zu kritisieren. Selbst schlechte Ideen könnten uns an gute erinnern, und wir wollen doch keine guten übersehen, ja?« Tieger fühlte sich besser, weil es seine Idee gewesen war, und I-Ah fühlte sich schlechter, weil er zurechtgewiesen worden war, aber andererseits hatte er nichts anderes erwartet.

»Mir sind die Ideen ausgegangen«, sagte Ferkel.

»Tja«, sagte Pu, »dann sollten wir die Techniken anwenden, die der Fremde uns beigebracht hat, damit uns mehr Ideen einfallen. Also …, die erste war …, es größer zu machen …, glaube ich.«

»Wenn das Riesenrad größer wäre«, sagte Ferkel, »würden wir sie wahrscheinlich nie runterkriegen.«

»Und wenn sie größer wären«, sagte I-Ah, »würde das Rad wie ein Eselsrücken zerbrechen, und schwupps wären sie unten.«

»Ich glaube, das funktioniert nicht so gut«, sagte Ferkel.

»Wir müssen Geduld haben«, sagte Pu. »Die nächste war, etwas kleiner zu machen.«

»Wenn das Rad kleiner wäre«, sagte I-Ah, »wäre es das gleiche wie, wenn sie größer wären. Absolut keine Hilfe.«

»Und wenn sie kleiner wären«, sagte Tieger, »könnten sie allein runterklettern.«

»Könnten sie das wirklich?« sagte Pu.

»Ameisen können das«, sagte Tieger. »Auf Bäume klettern, meine ich.«

»Aber glaubt ihr«, sagte Pu, während er wieder hinauf zu den beiden kleinen Gestalten blickte, »daß sie allein runterklettern könnten?«

»Ich glaube nicht, daß Ruhs zum Klettern geschaffen sind«, sagte Ferkel.

»Oder Kaninchen«, sagte Tieger.

»Oder Esel«, sagte I-Ah.

»Dann müssen wir uns weiter Ideen ausdenken«, sagte Pu. »Die nächste Technik ist, glaube ich, etwas umzukehren.«

»Wenn wir es schaffen könnten, daß das Rad umkehrt, hätten wir sie wieder unten«, sagte Ferkel. »Aber der Schausteller hat gesagt, das geht nicht.«

»Ich glaube«, sagte Pu, »der Fremde hat gemeint, daß wir einen Teil des Problems umkehren sollen, zum Beispiel …«

»Zum Beispiel daß wir uns überlegen sollen, wie wir Kaninchen und Ruh da raufkriegen könnten«, sagte I-Ah, »statt sie runterzuholen.«

»Genau«, sagte Pu.

»Das bringt mich auf eine Idee!« schrie Ferkel. »Erinnert ihr euch an den stürmischen Tag? Als wir Eule besucht haben und ihr Haus beschlossen hat, sich umzukehren?«

»Natürlich«, sagte Eule. »Mit meinem Gedächtnisss issst allesss in Ordnung. Erzzzähl mir noch mal, wie dasss war. Natürlich nur die Teile, die dich interesssssieren.«

»Das Haus stand auf dem Kopf«, erklärte Ferkel, das vor Aufregung immer schneller redete, »und die Tür war an der Decke, und wir mußten irgendwie rauskommen, wußten aber nicht genau, wie, und ich war klein, und Eules erforderliche Rückenmuskulatur war genau wie jetzt, und der Briefkasten war klein, und wir haben Eule mit der Schnur hochgeschickt und mich dann hochgezogen, damit ich Christopher Robin hole.«

Ferkel stand hechelnd da, wartete gespannt auf eine Reaktion. »Versteht ihr nicht? Wir könnten doch oben an das Riesenrad eine Schnur binden und dann die Schnur an mich binden und mich hochziehen und ... Oha. Nein, das würde wohl doch nicht funktionieren. Dann würde ich ja auch noch da oben festsitzen.«

»Runter ...«, sagte I-Ah.

Ja, das ist es!« fiel Ferkel ihm ins Wort. »Wir könnten die Schnur benutzen, um Kaninchen und Ruh *runterzulassen,* statt sie hochzuziehen, wie man es mit mir gemacht hat.«

»Nein«, sagte I-Ah. »Ich wollte sagen, die Wolken am Himmel kommen immer weiter runter. Ich glaube, es wird doch bald regnen.«

»Trotzdem«, sagte Pu, »das ist eine sehr gute Idee, Ferkel.«

Ferkel war ganz besonders stolz, denn es hatte nicht nur eine sehr gute Idee gehabt, sondern es würde auch nicht an eine Schnur gebunden und sehr hoch gezogen werden. Woran es sich noch gut erinnerte, aber nicht gern.

»Und das ist die bisher beste Idee«, sagte Pu. »Erklär sie uns noch einmal, Ferkel, damit wir sie verfeinern und verbessern können.«

»Ich dachte bloß ..., ich meine, wenn wir einfach …«, stammelte Ferkel, hielt inne, holte tief Luft und fing noch einmal neu an. »Meine sehr gute Idee ist die, daß wir eine Schnur besorgen und Kaninchen und Ruh an der Schnur vom Riesenrad runterlassen, also auf die entgegengesetzte Art, wie ich zu dem Briefkasten hochgezogen worden bin.«

»Das ist wirklich ein sehr guter Plan«, sagte Pu nach kurzem Nachdenken. »Aber die Wies machen mir noch immer Schwierigkeiten. Wie kriegen wir die Schnur da hoch, und Wie ziehen wir sie runter, und Wie …«

»Wir werden ein sehr langes Stück Schnur brauchen«, sagte Ferkel. »Und wir werden sie von Eule bis oben ans Riesenrad fliegen lassen müssen, und wir werden Kaninchen und Ruh unseren Plan von ihr erklären lassen müssen.«

»Dasss issst eine Verbesssssserung«, sagte Eule.

»Und wir müssen uns beeilen!« sagte Pu.

»Bevor es anfängt zu regnen«, sagte I-Ah.

Pu blickt hoch und sah, daß die beiden sehr kleinen Gestalten in der Gondel ganz oben auf dem Riesenrad nicht mehr winkten und schaukelten, sondern einfach da saßen.

»Der nächste Schritt ist …« Und jetzt hielt Pu inne und überlegte krampfhaft, was denn bloß der nächste Schritt sei, und überraschte sogar sich selbst, einen Bären von sehr wenig Verstand, als er sagte: »Die Lösung erproben und die Ergebnisse überprüfen! Der letzte Schritt der Problemlösungsmethode SOLVE.«

»Ach du lieber Himmel!« sagte Ferkel. »Wir brauchen einen Aktionsplan.«

»Aktionspläne können Tieger am besten«, sagte Tieger. »Was ist ein Aktionsplan?«

»Das issst ein Plan für Aktionen«, sagte Eule.

»Aha.«

»Wir werden etwas Schnur brauchen«, sagte I-Ah. »Vorzugsweise wasserdicht.«

»Und wir werden sie testen müssen«, sagte Ferkel, das sich daran erinnerte, wie sie die Schnur getestet hatten, als die Aktentasche des Fremden in die sehr tiefe Grube gefallen war.

»Und wir werden unsss überlegen müssssssen, wasss ich Kaninchen und Ruh sagen soll, wenn ich zzzu ihnen hochfliege«, sagte Eule.

»Das ist ein sehr guter Aktionsplan«, sagte Pu. »Fangen wir an. Tieger, kannst du uns ein sehr langes Stück Schnur suchen?«

»Schnur finden können Tieger am besten«, und er sprang davon.

Kurz darauf kam er zur Überraschung aller mit einem großen Knäuel Schnur zurück, das er, wie er sagte, von dem Luftballonverkäufer bekommen hatte, dem er das Problem erklärt hatte und der ihm das ganze Knäuel Luftballonschnur geschenkt hatte.

»Pu?« sagte Ferkel. »Ich glaube, ich habe eine Erschwernis gefunden.«

»Was?« sagte Pu.

»Etwas, das verhindert, daß man etwas macht«, sagte Ferkel.

»Nein, nein, das weiß ich doch«, sagte Pu. »Ich meine, was für eine Erschwernis hast du gefunden?«

»Ich glaube nicht, daß die Schnur die beiden halten wird«, sagte Ferkel. »Zumindest nicht Kaninchen, das viel größer ist als ich, aber Ruh vielleicht, das viel kleiner ist als ich.«

Pu überlegte einen Moment. »Dann müssen wir erst eine Trockenübung machen. Um zu sehen, ob es funktioniert.« Also ging Pu mit den anderen in ein kleines Zelt und band die Schnur an einen Eimer ohne Wasser, den sie dort fanden. Er war ungefähr so groß wie Ruh, aber er war aus Metall und deshalb ungefähr so schwer wie Ferkel, und mit vereinten Kräften versuchten sie, ihn hochzuziehen. *Knacks!* Die Schnur riß.

»Empfindlich wie ein Eselsrücken«, sagte I-Ah.

»Du hattest recht, Ferkel«, sagte Pu. »Jetzt müssen wir uns etwas anderes überlegen.«

»Wenn wir sie größßßer machen würden«, sagte Eule, »die Schnur, meine ich, müßßßte esss gehen.«

»Vielleicht«, sagte Pu, »können wir ein dickes Seil an das Ende unserer Schnur binden und es dann zu ihnen hochziehen, sobald wir die Schnur oben haben.«

»Wir sollten schnell ein Seil suchen«, sagte I-Ah zu Tieger, »bevor es anfängt zu regnen.« Und die beiden eilten davon.

»Unser Plan hat sich geändert, nicht wahr, Pu?« fragte Ferkel nervös. Es hoffte, daß er noch immer ein Sehr-gute-Idee-Ferkel-Plan war.

»Eigentlich nicht«, sagte Pu. »Wir machen bloß gerade den Verfeinerungs- und Verbesserungsschritt.«

»Können wir irgendwas machen, während wir warten?« sagte Ferkel.

»Eule? Kannst du das Ende der Schnur zu Kaninchen und Ruh hochfliegen und ihnen erklären, wie unser Plan ist?«

»Natürlich«, sagte Eule, und sie nahm das Ende der Schnur und flog damit los.

Sie flog höher und höher, und je höher sie kam, desto länger und schwerer wurde die Schnur, und als sie fast ganz oben war, hörte sie auf hochzufliegen und wurde … gestoppt. Sie flog, aber wurde gestoppt.

»Was ist los?« quiekte Ferkel.

»Ich glaube, Eule hat Schwierigkeiten, bis ganz oben ans Riesenrad zu kommen«, sagte Pu.

»Aber sie gibt einen ganz tollen Drachen ab«, sagte Ferkel, das sah, wie Eule aufhörte, mit den Flügeln zu schlagen, kehrtmachte, nach unten glitt und vor ihnen landete.

»Ich glaube, ... *schnauf* ... *schnauf* ... die Schnur ... *schnauf* ... *schnauf* ... issst zu schwer ... *schnauf* ... *schnauf*. Erforderliche ... *schnauf* ... *schnauf* ... Rücken ... *schnauf* ... *schnauf* ... mussskulatur ... *schnauf* ... *schnauf* ... ihr wißßßt schon ... *schnauf* ... *schnauf*.«

»So ein Mist!« sagte Pu. »Probleme, Probleme, Probleme.« Und er setzte sich und versuchte nachzudenken. Und in dem Augenblick kam Tieger herangesprungen, und I-Ah folgte gleich darauf mit einem Seil, das aufgerollt auf seinem Rücken lag.

»Wir haben das Seil gefunden!« sagte Tieger ungestüm.

»Und es ist trocken«, sagte I-Ah, »wenn auch nicht mehr lange.«

»Wir haben ein anderes Problem«, sagte Ferkel. »Eule kann die Schnur nicht bis ganz nach oben fliegen, weil ihre erforderliche Rückenmuskulatur nicht ausreicht, deshalb können wir die Schnur nicht nach oben kriegen, deshalb können wir das Seil nicht daran festbinden, deshalb können wir das Seil nicht hochziehen, deshalb können wir das Seil nicht an Kaninchen und Ruh binden und sie runterlassen und retten!«

Sie blickten wieder alle nach oben und sahen, daß

die kleinen Gestalten wieder in der kleinen Gondel schaukelten und winkten. Mehrere Möwen hatten sich oben auf das reglose Rad gesetzt und starrten das merkwürdige Paar an.

»Ein Drachen!« rief Pu.

»Sieht mir eher wie Möwen aus«, sagte I-Ah und blinzelte in die Sonne.

»Nein, nein. Ich meine, vielleicht kriegen wir die Schnur mit einem Drachen zu ihnen hoch«, sagte Pu.

»Das ist eine sehr gute Idee, Pu«, sagte Ferkel. »Wie bist du bloß darauf gekommen?«

»Na ja, ich habe überlegt, daß wir das mit Fliegen nicht schaffen, weil Fliegen einfach zu klein sind, um uns dabei helfen zu können, und dann ist mir eingefallen, daß du gesagt hast, Eule hätte da oben ausgesehen wie ein Drachen, und dann habe ich überlegt, ob wir nicht einen Drachen steigen lassen könnten, weil die Schnur ja ganz bis oben zum Drachen geht, der noch viel höher steigt als das Riesenrad, und so ist es mir eingefallen – glaube ich.«

»Wird das funktionieren?« fragte Ferkel. »Wird es dann immer noch meine ›sehr gute Idee‹ sein?«

»Natürlich«, sagte Pu. »Ursprünglich ist das deine Idee.«

»Wissen wir, wo wir einen Drachen herbekommen?« fragte Ferkel.

»Nein.«

»Oh.«

»Ich wünschte, der Fremde würde endlich kommen«, sagte Pu. »Vielleicht weiß *er* ja, wie man einen Drachen baut oder wo wir einen finden können.«

»Vielleicht können wir ein paar Ballons hochschicken«, sagte Ferkel. »Wie damals, als du an den Honig im Honigbaum drankommen wolltest. Und wenn dann Christopher Robin mit seinem Gewehr hier wäre, könnte er die Ballons abschießen, und sie würden runterfallen.«

»Zu hoch«, sagte I-Ah. »Viel zu hoch für Kaninchen und Ruh, um runterzufallen, meine ich.«

»Aber nicht wenn sie Jagulare wären«, sagte Ferkel. »Die sind sehr gute Fallenlasser.«

»Das ist es!« sagte Pu. »So machen wir's!«

»Sie in Jagulare verwandeln?« sagte Tieger.

»Nein. Ferkel hat mich auf eine sehr gute Idee gebracht«, sagte Pu. »Wir machen einen Drachen aus Ballons. Wir können *ein* Ende der Schnur an die Ballons binden und sie wie einen Drachen steigen lassen, bis sie bei Kaninchen und Ruh sind. Dann können sie die Schnur ergreifen und das Seil hochziehen. Und schließlich können sie sich das Seil umbinden, und wir lassen sie runter!«

Es war sehr still, während sie alle über Pus Plan nachdachten. Er hörte sich wie ein sehr komplizierter Plan an, wenn man alles auf einmal hörte, aber jeder einzelne Teil hatte eigentlich ganz einfach

geklungen. Also müßte er ganz bestimmt funktionieren.

»Glückwunsch, Pu!« sagte Ferkel. »Das ist ein wunderbarer Plan.«

Während Tieger also noch einmal zu dem Luftballonverkäufer lief, um ein paar Ballons für den Drachen zu besorgen, flog Eule zu Kaninchen und Ruh hoch, um ihnen den Plan zu erläutern, und Ferkel und Pu banden die Schnur an das Ende des Seils. Inzwischen hatte sich unten um das Riesenrad herum eine kleine Gruppe Kinder versammelt, die bei der Vorbereitung der Rettungsaktion zuschauten. Als Tieger zurückkam, sprang er wegen der vielen Ballons, die er in einer Pfote hielt, noch höher als sonst.

»Ballons holen können Tieger am besten«, sagte er.

»Jetzt halt still, Tieger«, sagte Ferkel, »während ich die Ballons an die Schnur binde.«

Eule kam zurück und landete sacht neben ihnen.

»Sind die beiden bereit?« fragte Pu. »Und haben sie verstanden, was sie machen sollen?«

»Sie befinden sich derzzzeit in einem Zzzustand

hoher Wachsamkeit und aufgeregter Erwartung«, sagte Eule.

»Heißt das ja?« flüsterte Pu Ferkel zu.

»Ist doch egal«, sagte I-Ah, der das mitbekommen hatte. »Wir sollten jetzt auf jeden Fall anfangen, bevor es anfängt zu regnen.«

Und ihr Plan funktionierte, wie sie es sich gedacht hatten.

Na ja, nicht ganz. Die Ballons schwebten in der Brise hoch, genau wie ein Drachen, doch erst als unsere Freunde dahintergekommen waren, von wo der Wind wehte, und nachdem sie die Ballons von dem einen oder anderen Baum befreit hatten, gelang es ihnen, die Schnur zu Kaninchen und Ruh hochzubekommen. Von da an funktionierte ihr Plan genau so, wie sie es sich gedacht hatten.

Na ja, nicht ganz. Kaninchen vergaß, daß sie die Schnur von den Ballons losbinden sollten, bevor sie das Seil hochzogen, und Ruh vergaß, daß sie die Schnur loslassen sollten, während sie zogen, so daß sich das Seil auf halber Strecke befand und Ruh sich auf halber Strecke zwischen Kaninchen und den Ballons befand und die Ballons sich auf halber Strecke zum Wald befanden, bevor sie es merkten. Als Ruh wieder unten war und sie die Ballons losgebunden und das Seil hochgezogen hatten, von *da* an funktionierte der Plan natürlich genau so, wie sie es sich gedacht hatten.

Na ja, nicht ganz. I-Ah wollte der Anker sein, als sie anfingen, Kaninchen und Ruh runterzulassen, und hatte deshalb Pu gebeten, das Seil an ihm festzubinden, damit er langsam auf das Riesenrad zugehen konnte, während die anderen festhielten und Kaninchen und Ruh zu Boden gelassen wurden. Als Kaninchen und Ruh schließlich den Boden berührten, brachen die versammelten Zuschauer in Jubel aus.

Pu und Ferkel und Eule und Tieger ließen das Seil los und liefen zu ihnen, und I-Ah, da er wußte, daß die Rettung vorüber war, trottete los zu den anderen Zelten. Er hatte vergessen, das Seil abzumachen, und gleich darauf wurden Kaninchen und Ruh abrupt über die Köpfe ihrer Freunde gehoben und stiegen immer höher und schaukelten hin und her, bis Ferkel I-Ah überreden konnten, kehrtzumachen. Von *da* an lief alles so, wie sie es sich gedacht hatten.

Alle lobten Kaninchen und Ruh für ihre Tapferkeit und Eule für ihr Fliegen und Tieger für sein Finden und I-Ah für sein Ziehen und Ferkel dafür, daß es I-Ahs Ziehen Einhalt geboten hatte, und für seine sehr gute Idee. Doch vor allen Dingen beglückwünschten sie Pu und sich gegenseitig, daß sie ihr Problem mittels erfolgreicher Anwendung der SOLVE-Methode gelöst hatten.

Der Schausteller dankte ihnen, daß sie Kaninchen und Ruh vom Riesenrad heruntergeholt hatten, und sagte, daß sie, sobald der Schaden repariert war, wiederkommen und, so oft sie wollten, umsonst mitfahren dürften, was allerdings außer Ruh keiner wirklich wollte.

Und als die Zuschauer sich allmählich zerstreuten, um sich weiter auf dem Jahrmarkt zu amüsieren, kam der Fremde zurück.

»Gibt's hier ein Problem?« fragte der Fremde, der mit Popcorn und anderen Leckereien beladen war.

»Nein«, sagte Pu. »Nicht das geringste Problem.«

KAPITEL 10

In welchem eine Parade abgehalten wird, das Problemlösungslied gesungen wird und der Fremde wieder nach Hause geht

Die Arbeit an dem Problemlösungsbuch war beendet, außer daß noch alles aufgeschrieben werden mußte, und um auch das zu erledigen, schickte der Fremde sich an, den Wald zu verlassen.

Pu meinte, daß sie das Übliche und Angebrachte tun sollten.

»Ferkel«, sagte er mit Bestimmtheit, »wir werden eine Parade mit Musik abhalten, bevor der Fremde geht.«

Und Pu und Ferkel machten sich an die Arbeit.

Es wurde beschlossen, daß Kaninchen die Parade organisieren sollte, da es daran gewöhnt war, mit der großen Anzahl seiner kleineren Bekannten-und-Verwandten fertig zu werden und sie in einer Reihe aufzustellen, damit niemand auf sie drauftrat, worum es bei einer Parade ja im großen und ganzen ging, wie Eule meinte.

Kaninchen erklärte sich bereit, und nachdem es sich genau überlegt hatte, wo jeder hinsollte, ließ es alle im Kreis Aufstellung nehmen und sagte ihnen, was jeder zu tun hatte.

Da Pu sich gern Lieder ausdachte, wurde er mit der musikalischen Gestaltung der Feier betraut. Er probte mit allen sehr gründlich, bis jeder seinen Part kannte und alle gleichzeitig die Musik anfangen und beenden konnten, zumindest fast so gleichzeitig, daß es keine Rolle spielte. Selbst I-Ah, der ein tiefer Baß war, hielt die Musik für sehr gut und für den Beginn einer wichtigen Sache angemessen.

»Solange es nicht regnet«, sagte er. »Denn dann verlieren ein paar ihre Stimme oder kriegen mitten in einer Note Schnupfen.«

Sie hatten vereinbart, sich am Rand des Hundertsechzig-Morgen-Waldes von dem Fremden zu verabschieden. Alle aus dem Wald waren frühzeitig da: Pu, Ferkel, Kaninchen, Tieger, I-Ah, Känga, Ruh, Klein und fast alle von Kaninchens kleineren Bekannten-und-Verwandten.

Als der Fremde kam, war die Parade vollständig organisiert, und Kaninchen gab das Signal zum Start. Sie lief ausgesprochen gut, wenn man von einigen kleineren Problemen absah, wie beispielsweise einer Kollision zwischen Tieger und Känga mitten in der Luft, weil Tieger sich von der Parade so mitreißen ließ, daß er sein Ungestüm nicht bändigen konnte.

Außerdem passierte es bisweilen, daß Kaninchens kleinere Bekannten-und-Verwandten sich am hinteren Ende der Parade zusammendrängten, und mehrmals mußte I-Ah Klein davor warnen, es könnte jemand auf ihn drauftreten, aber hinterher waren alle einhellig der Meinung, daß es zweifellos eine der schönsten Paraden war, die je im Hundertsechzig-Morgen-Wald abgehalten wurden, und auf jeden Fall genauso gut wie die auf dem Jahrmarkt.

Am Schluß der Parade mußten sich alle, wie Pu sie angewiesen hatte, für den Musikteil der Feier im

Chor aufstellen. Ferkel, Klein und die meisten von Kaninchens kleineren Bekannten-und-Verwandten standen in der allerersten Reihe, da sie die höchsten Stimmen hatten, und I-Ah war ganz allein in der hintersten Reihe, weil er die tiefste Stimme hatte.

Pu stand als Chorleiter vor ihnen, weil er das Lied am besten kannte, schließlich hatte er es ja geschrieben. Er hob die Arme und senkte sie dann wieder, und fast alle fingen an, Pus Problemlösungslied für den Fremden zu singen.

Selektieren hat was für sich,
Es benennt dir das Problem;
Wählst nicht du es, dann wählt es dich,
Letzteres ist schön bequem.

Organisieren folgt sogleich,
»Wo will ich hin? Wo fang ich an?«
Die Bienen sind recht aufschlußreich:
»Was steht im Weg, daß ich es kann?«

Lern das Fragenstellverfahren,
Doch halt die Reihenfolge ein,
Mit Warum und Was nicht sparen,
Dann Wo, Wann, Wer, Wie hinterdrein.

(Nach jeder Frage frag Warum.)

Vi-su-ali-siere dir
Gar viele Lösungsmöglichkeiten,
Sonst wird, das garantier ich dir,
Dich dein Problem noch lang begleiten.

Erprobung heißt der letzte Schritt,
Doch eins ist wichtig: gib gut acht,
Sonst kriegst du vielleicht gar nicht mit,
Daß nichts so läuft, wie du's gedacht.

Und ausnahmsweise gelang es allen, sogar I-Ah und Klein, gleichzeitig aufzuhören, und aus dem Hundertsechzig-Morgen-Wald erscholl ein Echo, das für genau den richtigen Effekt sorgte.

Einen Moment lang war es mucksmäuschenstill, und dann applaudierte der Fremde, und Pu verbeugte sich, und dann applaudierte der Chor, und gleich darauf applaudierten alle einander, und dann war es an der Zeit, eine Decke auszubreiten und zu Mittag zu essen.

Nach dem Mittagessen wurde die Picknickdecke sorgfältig von Krümeln gesäubert und genauestens in Augenschein genommen, ob nicht vielleicht noch einer von Kleins Verwandten daran festhing, bevor sie zusammengefaltet und wieder in den Korb des Fremden gelegt wurde.

Zuvor hatte natürlich Pu, der ein sehr hilfreicher Bär war, sich vergewissert, daß sie im Korb nicht noch den einen oder anderen Topf Honig oder welche von den kleinen Kuchendingern mit rosa Zuckerguß vergessen hatten, wodurch der Korb schwerer zu tragen gewesen wäre als nötig.

Schließlich hatten sie alle Lebewohl gesagt und dann noch einmal, nur um sicherzugehen, daß jeder zum Zuge gekommen war. Die Dankeschöns wurden lieb und nett ausgesprochen und mit allerlei guten Wünschen beantwortet. Dann konnte der Abschied nicht länger aufgeschoben werden. Sie sahen dem Fremden nach, wie er sich entfernte. Er drehte sich um und winkte ein letztes Mal, bevor er zwischen den Bäumen verschwand.

Sie alle winkten zurück, bis auf Klein und einige seiner Verwandten, die so dicht am Boden waren, daß sie den Fremden schon lange aus den Augen verloren hatten. Klein und einige seiner Verwandten waren ohnehin nicht richtig gebaut zum Winken, denn da sie sechs Beine hatten, konnten sie sich nie richtig entscheiden, mit welchem sie winken sollten, was zur Folge hatte, daß sie verwirrt waren und immer wieder umkippten.

Sie warteten alle, bis die Sonne hinter den Bäumen fast untergegangen war und sie sicher sein konnten, daß der Fremde ein gutes Stück seines Weges gegangen war. Dann zerstreuten sie sich allmählich.

Pu und Ferkel gingen nachdenklich durch den goldenen Abend nach Hause, und lange war es ganz still.

»Wenn du morgens aufwachst, Pu«, sagte Ferkel schließlich, »was sagst du dann als erstes zu dir?«

»Was gibt's zum Frühstück?« sagte Pu. »Was sagst *du*, Ferkel?«

»Ich sage: ›Ich frage mich, was *heute* Aufregendes passieren wird‹«, sagte Ferkel.

Pu nickte gedankenschwer.

»Das ist dasselbe«, sagte er.

Als der Fremde zu Hause war, machte er es sich fast als erstes in seinem bequemen Sessel gemütlich, der genau in der richtigen Entfernung von dem sehr schönen Feuer im Kamin stand. Ganz als erstes hatte er natürlich das Feuer anzünden müssen, wofür das Holz schon ordentlich gestapelt im Kamin bereit lag. Morgen würde er damit anfangen müssen, *Pu it yourself: Wie sich Probleme bärenmäßig lösen lassen* niederzuschreiben, doch im Moment war es schön, einfach dazusitzen, ohne nachgucken zu müssen, ob man auf einem Stechginsterbusch oder einer Distel oder Klein oder Alexander Käfer saß. Im Wald war das ein Problem, aber nicht hier.

Doch eines stand fest. Auch außerhalb des Waldes mangelte es nicht an Problemen, die gelöst werden mußten. Die Medien bombardierten einen ja geradezu damit.

Da gab es die großen Probleme, von denen fast jeder auf der Welt betroffen war. In den meisten Fällen waren sie die Folge von Kriegen, Revolutionen, Katastrophen, Krankheiten und Veränderungen in Gesellschaft, Kultur und Umwelt.

Dann gab es die vielen kleinen privaten Probleme, mit denen der einzelne sich herumschlug und die den Stoff für Talk-Shows, Ratgeberkolumnen und unzählige Selbsthilfebücher lieferten.

In vielen Fällen handelte es sich um alte Probleme, die nie befriedigend gelöst worden waren oder, falls doch, aufgrund veränderter Umstände oder Bedingungen in neuer Form wieder aufgetaucht waren und erneut einer Lösung bedurften.

Mit einigen neuen Problemen sah sich die Menschheit zum allerersten Mal konfrontiert.

Für einige von ihnen eine Lösung zu finden entschied ganz eindeutig über Leben und Tod. Andere hatten nicht so ernste Folgen; blieben sie ungelöst, würde es nur zu Verdruß oder Unannehmlichkeiten führen.

Sehr wahrscheinlich lassen sich die meisten Probleme mit Hilfe der in diesem Buch vorgestellten Methoden lösen.

Es sind einfach mehr Menschen erforderlich, die für Probleme Lösungen finden wollen, die das Zeug dazu haben und sich gern der Herausforderung stellen. Solche Menschen könnten Verbesserungen bewirken, für sich persönlich und für die ganze Welt.

Der Fremde dachte über Winnie-den-Pu, Ferkel, Eule, Tieger und die anderen im Wald nach, die ihm bei seinem Buch geholfen und die Idee aufgegriffen hatten, die Problemlösungsmethode SOLVE anzuwenden. Sie hatten auf dem Jahrmarkt anschaulich bewiesen, daß sie sie ganz allein anwenden konnten. Der Fremde freute sich darüber. Wenn ein Bär und seine Freunde das konnten, dann müßte es doch fast jeder können.

Voraussetzung dafür ist lediglich, die SOLVE-Methode zu lernen und sie an Problemen zu üben, die man selbst auswählt oder von denen man ausgewählt wird. Und ehe man sich's versieht, wird man, wie Pu, voller Zuversicht sagen können:

»Nein. Nicht das geringste Problem.«

PUS ANHANG

Problemlösungs-Checkliste von Winnie-dem-Pu

Pu ist manchmal ein sehr vergeßlicher Bär und benutzt deshalb die folgende Checkliste. Falls Sie auch vergeßlich sind (oder sichergehen wollen, daß Sie bei der Anwendung der SOLVE-Methode keinen Schritt auslassen), gestattet er Ihnen freundlicherweise, sich ebenfalls dieses Hilfsmittels zu bedienen.

Selektieren bzw. Auswahl des Problems oder der Situation

☐ Ich habe es ausgewählt. ☐ Es hat mich ausgewählt.
☐ Ein Prozeß oder eine Situation soll verbessert werden.
☐ Einfach. ☐ Kompliziert.
☐ Einzelnes Problem. ☐ Mehrere Probleme.
Emotionale Assoziationen (wenn ja, beschreiben): J oder N.
Lege das Problem oder die Situation so einfach wie möglich dar.

Organisieren und Definieren des Problems oder der Situation nach vorheriger Einschätzung

Ausgangslage (anfängliche Bedingungen, Hilfsmittel, aktueller Zustand)

Ziel (erwünschtes Ergebnis nach erfolgreicher Durchführung)

Erschwernisse (einschränkende Faktoren oder Hindernisse)

Lernen durch Erfragen sämtlicher Teile des Problems

Warum soll das Problem gelöst werden?	Warum ist es ein Problem?
Was genau ist das Problem?	
Wo tritt das Problem auf?	Warum tritt es dort auf?
Wann tritt das Problem auf?	Warum tritt es dann auf?
Wer ist beteiligt?	Warum ist derjenige beteiligt?
Wie äußert es sich?	Warum äußert es sich so?

Visualisieren möglicher Lösungen, Auswahl und Verbesserung einer Lösung

Erfahrung – Hattest du schon einmal ein ähnliches Problem?

Wie wurde es gelöst?

Methode:

☐ Numerisch – Zahlen

☐ Analogie – ähnliches Thema, ähnlicher Prozeß, ähnliche Idee

☐ Graphisch – Fotos, Schaubilder, Diagramme

☐ Intuitiv – Gefühl, Ahnung

☐ Logisch – Logik, Folgerung, Rückschluß

☐ Sonstiges

Brainstorming – Spontane Ideen sammeln, *ohne* sie zu bewerten oder zu kritisieren. Das Problem – oder einen Teil des Problems – nehmen und:

größer machen	etwas entfernen
kleiner machen	etwas durch etwas anderes ersetzen
etwas hinzufügen	zwei Elemente verbinden
etwas wegnehmen	freie Assoziation (alles sagen, was einem in den Sinn kommt)
zwei Teile austauschen	

Die beste Lösung auswählen – *Jetzt* alle Ideen bewerten und kritisieren, jeweils mit Plus und Minus versehen, nach Herzenslust kombinieren oder verändern.

Ausfeilen und verbessern – Die ausgewählten Ideen sorgfältig prüfen und verbessern.

Erproben der Lösung und Überprüfen der Ergebnisse

Aktionsplan – Einen Weg von hier nach dort finden – alles, das erledigt und besorgt werden muß, nach Timing und Aufgabenverteilung auflisten.

Trockenübung – Falls möglich, die einzelnen Lösungschritte ausprobieren.

Erproben und Überprüfen – Die Lösung anwenden und Kriterien überprüfen, die auf Erfolg hindeuten.

! Sollte die Lösung nicht funktionieren, verlier nicht den Mut – selbst wenn du ein sehr großes und negatives Feedback erhalten hast, befindest du dich trotzdem noch immer im Lösungsprozeß; wiederhole einfach sämtliche obengenannten Schritte, und verwende dabei das, was du inzwischen weißt, als zusätzlichen Input.